Emma Goss-Custard gründete Honeybuns im Jahr 1998 im englischen Oxford. Mittlerweile führt sie die mehrfach ausgezeichnete Bäckerei gemeinsam mit ihrem Ehemann Matt von der Naish Farm in der Grafschaft Dorset aus. Dort feilt sie mit ihrem Team ständig an neuen Rezepten. Emmas glutenfreie Kuchen, Torten, Brownies und Teilchen sind inzwischen in Geschäften und Cafés in ganz Europa erhältlich und zusätzlich über den Honeybuns-Onlineshop: www.honeybuns.co.uk

Glutenfrei backen
für Naschkatzen

Emma Goss-Custard

CHRISTIAN

Dieses Buch widme ich Matt, Mal und Rak – für alles, meine Lieben

Unser Verlagsprogramm finden Sie unter www.christian-verlag.de

Übersetzung aus dem Englischen: Viola Siegemund
Textredaktion: Gundula Müller-Wallraf
Korrektur: Karola Neutze
Satz: Wigel, Martin Feuerstein
Umschlaggestaltung: Caroline Daphne Georgiadis, Daphne Design

Gesamtherstellung Verlagshaus GeraNova Bruckmann GmbH

Printed in China

Alle Angaben in diesem Werk wurden von der Autorin sorgfältig recherchiert und auf den aktuellen Stand gebracht sowie vom Verlag geprüft. Für die Richtigkeit der Angaben kann jedoch keinerlei Haftung übernommen werden. Für Hinweise und Anregungen sind wir jederzeit dankbar. Bitte richten Sie diese an:

Christian Verlag
Postfach 400209
80702 München
E-Mail: lektorat@verlagshaus.de

Die Deutsche Nationalbibliothek verzeichnet diese Publikation in der Deutschen Nationalbibliografie; detaillierte bibliografische Daten sind im Internet über http://dnb.d-nb.de abrufbar.

Copyright © 2013 für die deutschsprachige Ausgabe: Christian Verlag GmbH, München

Die Originalausgabe mit dem Titel *Honeybuns* wurde erstmals 2012 im Verlag Pavilion Books, einem Imprint von Anova Books, London veröffentlicht.

Copyright © 2012 für den Text: Emma Goss-Custard
Copyright © 2012 für Fotos: Christian Barnett
Copyright © 2012 für Layout & Design: Anova Books

Alle deutschsprachigen Rechte vorbehalten.

ISBN 978-3-86244-377-2

Anmerkung
Wir empfehlen grundsätzlich die Verwendung von Bio-Eiern. Sofern nicht anders angegeben, sind die Rezepte für Eier der Größe L berechnet.

Inhalt

Die Geschichte von Honeybuns 6
Glutenfrei backen 8

Kuchen & Torten 14

Muffins 48

Blechkuchen 62

Brownies & andere Schokoladenträume 86

Flapjacks: Hafer- & Nussschnitten 108

Kekse & Plätzchen 124

Desserts & Festliches 142

Glutenfrei einkaufen 170
Register 174

Die Geschichte von Honeybuns

 Honeybuns bestand in seinen »Kindertagen« in der schönen englischen Stadt Oxford nur aus meiner Wenigkeit und einem alten Postfahrrad. Die Idee dazu wurde aus der Not heraus geboren, dass ich als frisch gebackene Absolventin eines Englischstudiums nicht recht wusste, was ich nun anfangen sollte. Während meine Freunde und Bekannten ins Berufsleben starteten, guckte ich in die Röhre und begann langsam, mir Sorgen um meine Zukunft zu machen. Das wahre Leben entlarvte mich nach meinem Studium als hoffnungslose Romantikerin, die dem Hauen und Stechen in der Welt offenbar nicht gewachsen war. Ich geriet in Panik.

Von Selbstzweifeln geplagt, dachte ich mit Wehmut zurück an meine Semesterferien, in denen ich stets in irgendwelchen kleinen Bäckereien gejobbt hatte. Und auch während des Semesters hatte ich oft gebacken. Ich konnte nicht gut tippen und rief deshalb ein studentisches Tauschsystem ins Leben: selbst gebackenen Zitronenkuchen gegen ein professionelles Erscheinungsbild meiner Seminararbeiten. Vielleicht war es also gar keine so verrückte Idee, einen eigenen Kuchenlieferdienst aufzumachen? Ich hatte ja nichts zu verlieren, und beim Gedanken an meine jahrelange Erfahrung mit Schneebesen und Spritzbeutel entfuhr mir zwar kein »Heureka!«, aber doch ein: »Darauf hätte ich auch schon früher kommen können!«

Nachdem ich mir ein Fahrrad gekauft und meiner Oma ihr altes Rührgerät abgeschwatzt hatte, legte ich los. Honeybuns war geboren. Zu meinem großen Glück hatte mir meine Oma, die von der Backtradition Norditaliens geprägt war, ein paar herrliche Rezepte vermacht. Darin kamen regionaltypische Zutaten wie Maisgrieß, gemahlene Mandeln und Haselnüsse zum Einsatz, und sie enthielten von Haus aus wenig Weizenmehl. Ich erkannte sehr schnell, dass sich durch behutsames Abwandeln Weizenmehl und »verstecktes« Gluten in anderen Zutaten komplett umgehen ließen. Die Kuchen und Torten, die dabei herauskamen, schmeckten unglaublich und waren natürlich glutenfrei.

Nachdem ich ein paar Jahre lang in der Küche einer chaotischen Studenten-WG gebacken hatte, zog ich nach Guildford, wo mein späterer Ehemann arbeitete. Mittlerweile waren wir bei Honeybuns zu fünft und machten vom Backen über das Verpacken bis zur Lieferung alles selbst. Eine Dauerbestellung für unsere Würzigen Ingwer-Rosinen-Plätzchen (siehe Seite 132) von Virgin Trains zog zwar hektische Zeiten nach sich, ermöglichte uns aber die Anschaffung eines größeren Ofens und schließlich den Umzug nach Dorset. An dieser Stelle deshalb vielen Dank, Sir Richard Branson: Sie haben uns den Weg in die geschäftliche Professionalität geebnet!

2002 zogen wir auf die Naish Farm in der Grafschaft Dorset, um der Natur und unseren Lieferanten näher zu sein und das ländliche Leben zu führen, das wir uns wünschten. In den vergangenen Jahren haben wir den alten Milchhof sachte modernisiert und so umgebaut, dass eine Backstube darin Platz hat. Heute beschäftigt Honeybuns 25 Mitarbeiter und beliefert Läden, Cafés und Onlinekunden in Großbritannien und im Ausland mit Kuchen, Keksen und anderen Leckereien. Naish Farm beherbergt außerdem unsere Herde tierischer Findelkinder und Hausgenossen. In einem der ehemaligen Hühnerställe ist heute unser entzückendes Café, das »Bee Shack« (»Bienenstock«). Es genießt so etwas wie Kultstatus unter seinen Fans. Kein anderes Café in Großbritannien ist wohl weniger geschäftstüchtig, denn es hat nur einmal im Monat für Gäste geöffnet. Diese Gästetage sind für uns allerdings sehr wichtig, denn sie geben uns die Gelegenheit, direktes Feedback zu neuen Kreationen und Geschmackskombinationen zu erhalten. Dreimal pro Woche isst das Team gemeinsam im Café. Dann probieren wir neue Rezepte, und wenn irgendetwas nicht absolut grandios schmeckt, heißt es: zurück an die Rührschüssel! Ich glaube, es ist genau dieser bodenständige Ansatz, der unsere Produkte so authentisch bleiben lässt.

Unser Archiv ist voll von Rezepten, und einige davon möchte ich in diesem Buch mit Ihnen teilen. Ein paar davon gehören zum festen Repertoire des »Bee Shack«. Außerdem möchten wir mit Vorurteilen über glutenfreies Backen aufräumen. Die Rezepte gelingen allesamt leicht, wir sind auf jeden Fall Verfechter der »Alle Zutaten in eine Schüssel werfen und verrühren«-Backmethode!

Zwar muss man beim Backen genauer vorgehen als bei einigen anderen Arten der Essenszubereitung, aber es bleibt trotzdem viel Platz für Spaß und Experimentierfreude. Denn selbst wenn man sich bis ins kleinste Detail an ein Rezept hält, stößt man beim Backen immer auf ein paar Unsicherheitsfaktoren, wie etwa Eiergröße, Butterkonsistenz, Luftfeuchtigkeit oder die Tagesform des Backofens. Mit anderen Worten: Jedes Rezept, glutenfrei oder nicht, wird stets ganz individuell interpretiert, ob mit Absicht oder ganz unbewusst. Ich habe aber die Erfahrung gemacht, dass gerade vermeintliche Fehler beim Backen oft zu den leckersten Neuschöpfungen führen.

Unsere Kuchen und Torten sind als gut verträgliche Leckereien gedacht und werden deshalb nur mit den besten regional und saisonal erhältlichen Zutaten hergestellt, im Einklang mit Mutter Natur. Ganz nebenbei sind sie eben auch noch glutenfrei.

Wir lassen uns am liebsten von dem inspirieren, was gerade im Garten oder auf dem Fensterbrett sprießt. Wenn Sie noch irgendwelche anderen Beeren im Haus haben, sollten Sie also zum Beispiel für den Erdbeer-Cobbler auf Seite 150 nicht extra Erdbeeren einkaufen – Heidelbeeren, Himbeeren oder Brombeeren funktionieren genauso gut, und obendrein fühlt man sich auch noch richtig kreativ.

Lassen Sie sich bitte nicht von den manchmal recht umfangreichen Zutatenlisten abschrecken. Sobald Ihr Vorratsschrank erst einmal mit ein paar Standardzutaten gefüllt ist und Sie ein paar Rezepte ausprobiert haben, wird Backen ohne Gluten keinen Extraaufwand mehr bedeuten. Sie können sich Mal um Mal wieder entscheiden, ob Sie sich an ein Rezept halten oder Ihrer Kreativität freien Lauf lassen wollen! Wir würden uns einfach wie die Honigkuchen(pferde) darüber freuen, wenn Ihnen das Ergebnis schmeckt.

Kommentare und Anregungen zu unseren Rezepten sind uns immer willkommen. Sie erreichen uns per E-Mail unter thebee@honeybuns.co.uk oder im Internet unter:
www.facebook.com/HoneybunsBakery
www.twitter.com/HoneybunsBakery
www.youtube.com/HoneybunsBakery

Wir wünschen Ihnen ganz viel Spaß beim Backen mit Honeybuns!

Emma Goss-Custard

Glutenfrei backen

Wir von Honeybuns sind davon überzeugt, dass Backen ohne Gluten spannend und kreativ sein kann – und dass Köstliches dabei herauskommt. Eigentlich genau wie bei jeder anderen Art der Nahrungszubereitung. Ein paar Zutaten hören sich anfangs vielleicht etwas eigenartig an, aber sobald Sie sich erst einmal daran gewöhnt haben, werden Sie ganz natürlich glutenfrei backen.

In den vergangenen Jahren haben wir diverse Zutatenkombinationen dem Praxistest unterzogen und wissen mittlerweile, was am besten schmeckt. Unsere Rezeptentwicklung ist aber nie abgeschlossen, weil ständig neue Produkte auf den Markt kommen.

In erster Linie wollen wir mit bei uns erhältlichen Rohstoffen möglichst geniale Ergebnisse erzielen. Dabei geht es nicht darum, traditionelle Rezepte so exakt wie möglich »ins Glutenfreie« zu übersetzen – eine solche Vorgehensweise kann eigentlich nur zu Unmut und Enttäuschung führen.

Einkaufen

Zum Glück gibt es das Internet! Inzwischen bekommt man in zahlreichen Onlineshops glutenfreie Zutaten; Spezialanbieter vertreiben glutenfreie Basiszutaten wie Sorghum-Mehl, aber auch Ausgefalleneres, das es bislang oft nur im Großhandel zu kaufen gab. Zwar muss man manchmal etwas unhandliche Packungsgrößen in Kauf nehmen, aber vieles lässt sich auch einfrieren. Auf den Seiten 170–173 finden Sie Bezugsquellen. Auch gewöhnliche Supermärkte haben in den letzten Jahren ihr Angebot deutlich erweitert. Und Feinkostgeschäfte, Bauernläden, Biomärkte und Reformhäuser sind und bleiben gute Adressen, wenn es um die Beschaffung von Zutaten oder wichtige Fragen geht.

Glutenfreie Zutaten

Wir verwenden häufig Maisgrieß und geröstete, gemahlene Nüsse, etwa Mandeln, Pistazien und Haselnüsse. Die Idee dazu stammt aus Norditalien, wo viel mit diesen Zutaten gebacken wird. Gemahlene Nüsse haben eine feinere Konsistenz und enthalten mehr Feuchtigkeit als Reismehl und herkömmliche glutenfreie Mehlmischungen. Es ist uns wichtig, dass ein Kuchen – soweit möglich – länger als nur ein paar Tage frisch und saftig bleibt. Der natürliche Ölanteil der gemahlenen Nüsse sorgt dafür. Leider sind die Preise für Nüsse in den vergangenen Jahren dramatisch gestiegen. Leinsamenmehl ist günstiger und kann einige Nusssorten sehr gut ersetzen. Lein hat von Haus aus einen nussigen Geschmack und eine gewisse Süße und kann beim Backen anstelle von gemahlenen Mandeln verwendet werden.

Sorghum- und Tapiokamehle sind fein gemahlen und nehmen gut Feuchtigkeit auf, was das Backgut besonders leicht und locker werden lässt. Einen großen Bogen machen wir hingegen um das schwere, üppige Kartoffelmehl, und auch Kichererbsenmehl kommt in den Rezepten nur selten zum Einsatz, da es oft etwas säuerlich schmeckt. Glutenfreie Haferflocken und Hafermehl eignen sich hervorragend, um einem Teig Struktur zu geben, aber sie sollten immer ausdrücklich als glutenfrei ausgewiesen sein (das ist nicht automatisch der Fall!).

Zum Binden und Eindicken verwenden wir lieber Guakernmehl als Xanthan. Guakernmehl ist ein reines Naturprodukt aus einer bestimmten Bohnenart, Xanthan hingegen wird aus Mais gewonnen und viel stärker behandelt. Das bewirkt bei einigen Rezepten eine deutlich schwerere Konsistenz.

Nüsse und Körner

In vielen Rezepten in diesem Buch werden Nüsse, Körner oder Kerne im Ganzen, gehackt oder gemahlen verwendet. Grundsätzlich empfiehlt sich der Kauf ganzer Nüsse mit Schale, bereits fertig gemahlene haben jedoch in der Regel eine feinere Konsistenz als in der heimischen Küchenmaschine hergestelltes Nussmehl und machen das Gebäck lockerer. Selbst gemahlene Zutaten erhalten zusätzliches Aroma, wenn man sie vor dem Mahlen röstet.

Zum Rösten von Nüssen, Kokoschips oder Samenkörnern den Backofen auf 180 °C vorheizen. Das Röstgut auf einem Backblech verteilen und etwa 5 Minuten im Ofen rösten. Zu dunkel gewordene oder verbrannte Nüsse oder Körner entsorgen, sie schmecken bitter.

Das Röstgut auskühlen lassen und dann nach Anweisung hacken oder mahlen. In diesem Zusammenhang werden in den Rezepten die folgenden Begriffe gebraucht:

- **grob gehackt:** Die Nüsse mit einem Messer oder ganz kurz in der Küchenmaschine in etwa ein bis zwei Zentimeter große Stücke hacken.
- **gehackt:** Die Nüsse mit einem Messer oder kurz in der Küchenmaschine in etwa fünf Millimeter große Stücke hacken.
- **gemahlen:** Die Nüsse in der Küchenmaschine so fein wie möglich mahlen, bis sie in etwa die Konsistenz von Paniermehl haben.

Nüsse lassen sich auch gut in größeren Mengen rösten und dann einfrieren. Dadurch bleiben sie frisch und behalten ihr Aroma.

Rezepte abwandeln

Wir hoffen, dass Sie unsere Rezepte immer wieder gern zubereiten und sie dabei ganz nach Ihrem Geschmack verändern, zum Beispiel mit Obst- und Gemüsesorten der Saison. Als Faustregel bei der Variation der Rezepte gilt: zunächst immer nur eine Zutat ersetzen.

In diesem Buch kommen einige Teigsorten in verschiedenen Rezepten zum Einsatz. So wird der Shortbread-Teig, den man für die Zuckerjuwelen auf Seite 140 erst in den Kühlschrank stellt und dann dünn ausrollt, auch als Boden für den Erdbeer-Cobbler (siehe Seite 150) verwendet. Und mit ein paar kleinen Tricks – man könnte beispielsweise ein Ei hinzufügen – entsteht daraus ein vielseitiger Mürbeteig.

Manchmal werden die leckersten neuen Produkte aus »Fehlern« in unserer Testküche geboren. So vergesse ich gern einmal die Eier im Muffinteig. Die so erfundenen »Muffetten« jedoch lassen sich problemlos einfrieren und dann für Trifles (siehe Seite 147) oder einen süßen Tian (siehe Seite 160) verwenden. Genauso kann man glutenfreie Streusel aus Keks-, Kuchen- oder Muffinresten herstellen. Auch diese lassen sich gut einfrieren, und man kann sie zur Weiterverwendung einfach kurz im Ofen aufbacken.

Tipps und Methoden

Gluten verleiht einem Teig Elastizität und wirkt wie eine Art Klebstoff. Bei vielen Rezepten kann man ohne Probleme darauf verzichten. Mit gemahlenen Mandeln anstelle von Weizenmehl lassen sich zum Beispiel Brownies mit einer wunderbaren Konsistenz herstellen. Mürbeteig hingegen braucht ohne Gluten etwas mehr Zuwendung (siehe die Anmerkungen zu Mürbeteig auf der gegenüberliegenden Seite).

Bei der Zubereitung von Kuchen, Brownies und anderem Rührteiggebäck ist es wichtig, dass alle Zutaten Zimmertemperatur haben und nicht direkt aus dem Kühlschrank kommen. Eine einzige sehr heiße oder sehr kalte Zutat kann dazu führen, dass der Teig beim Backen in sich zusammenfällt.

Wenn der Teig Eier enthält, sollte warme, geschmolzene Butter oder Schokolade nicht direkt auf die Eier gegeben werden, da diese durch die Hitzeeinwirkung stocken könnten.

Backpulver neigt dazu, auf Säure zu reagieren, und kann bewirken, dass die Teigmasse sich trennt. Deshalb sollte man den direkten Kontakt von Backpulver mit säurehaltigen Zutaten wie Zitronen- oder Orangensaft beziehungsweise -abrieb und -öl, Rhabarber und anderem säuerlichen Obst nach Möglichkeit vermeiden. Beim Hinzufügen der Zutaten in die Rührschüssel ist es ratsam, das Backpulver zwischen anderen trockenen Zutaten wie etwa Mehl oder Zucker »einzupacken«.

Mürbeteig

Die Erfahrung hat gezeigt, dass Mürbeteig ohne Gluten ein wenig mehr Aufmerksamkeit braucht. Der Mürbeteig für den Johannisbeer-Flammeri-Kuchen auf Seite 158 zum Beispiel reißt sehr leicht. Das ist aber kein Problem, solange man den Teig einfach mit den Fingern in Form drückt. Alle Mürbeteigrezepte in diesem Buch erfordern ein wenig Handarbeit – am besten, man geht dabei zügig vor und feuchtet die Hände zuvor mit kaltem Wasser an, damit der Teig nicht zu warm wird.

Mürbeteig lässt sich leichter verarbeiten, wenn man ihn vor dem Ausrollen etwa eine Stunde in den Kühlschrank legt. Man kann ihn auch großzügig mit Tapiokamehl bestauben und zwischen zwei Lagen Backpapier oder zwei Silikonbackmatten ausrollen. Bei Mürbeteig mit Butter sollte man gekühlte und gewürfelte oder geraspelte Butter verwenden.

Wenn es draußen wärmer ist, wird der Teig oft klebrig, bei kälteren Temperaturen wiederum muss man ihn eventuell etwas gründlicher kneten. Es ist wichtig, beherzt mit dem Teig umzugehen und ihn mit den Händen zügig in die gewünschte Form zu bringen.

Manchmal muss man zum Binden noch ein wenig Milch oder Eigelb zugeben, dies ist jedoch in den jeweiligen Rezepten extra angegeben. Mürbeteig ist empfindlicher als andere Teigsorten, aber nach einigen Probeläufen stellt sich in der Regel ein Gefühl dafür ein, auf was genau zu achten ist.

Zimtzucker, Vanillezucker

Für Zimtzucker gemahlenen Zimt mit der gleichen Menge Rohrohrzucker mischen und die Mischung in einen Zuckerstreuer füllen. Der Zimtzucker kann vorab zusammengemischt und im Vorratsschrank aufbewahrt werden, man sollte allerdings nicht zu große Mengen herstellen – gemahlener Zimt verliert (wie alle gemahlenen Gewürze) schnell an Aroma. Bei Honeybuns bewahren wir gemahlene Gewürze in versiegelten Plastiktüten in der Tiefkühltruhe auf, um ihre Haltbarkeit zu verlängern.

Für den Vanillezucker ein 500-Gramm-Einmachglas mit Zucker (oder Rohrohrzucker) füllen und zwei Vanilleschoten dazugeben. Ein paar Wochen später hat der Zucker das Vanillearoma angenommen und kann in einen Streuer umgefüllt oder einfach aus dem Glas weiter verwendet werden.

Schokolade schmelzen

Viele der Rezepte verwenden zerlassene Butter, geschmolzene Schokolade oder eine Mischung aus beiden. Beim Schmelzen von Schokolade arbeitet man am besten mit einem Wasserbad oder der Mikrowelle. Letzteres geht sehr schnell und einfach, man darf die Masse jedoch auf keinen Fall überhitzen.

Zum gleichmäßigen Schmelzen die Schokolade in ungefähr gleich große, grobe Stücke brechen. Profiköche verwenden hier gern sogenannte Callets (Schokotropfen), die es mittlerweile auch für den Hausgebrauch zu kaufen gibt (siehe Seite 170).

Es empfiehlt sich, Schokolade unter Zugabe von etwas Butter oder Öl zum Schmelzen zu bringen. Dadurch bekommt sie einen schönen Glanz, wird cremiger und lässt sich leichter verstreichen. Allerdings wird sie nach dem Trocknen dann nicht mehr ganz so fest. Zum Glasieren oder für eine knackige Konsistenz sollte man die Schokolade also lieber pur schmelzen.

- **Mikrowelle:** Die Schokolade zunächst vorsichtig und auf niedriger Temperaturstufe zum Schmelzen bringen, um eine Überhitzung zu vermeiden. Später kann auch mit höheren Temperaturen experimentiert werden, vor allem beim Schmelzen größerer Mengen. Schüssel und Rührlöffel sollten unbedingt trocken sein, da geschmolzene Schokolade bei Feuchtigkeit klumpen kann und sich dann nur schwer wieder glatt rühren lässt. Ein Metalllöffel oder ein Teigspachtel aus Gummi eignen sich besser als ein Holzlöffel, weil sie sich leichter vollständig trocknen lassen. Die Schüssel sollte mikrowellengeeignet und hitzebeständig sein. Zum gleichmäßigen Schmelzen die Masse alle 30 Sekunden

kontrollieren und umrühren. Mit der Zeit entwickelt man ein Gefühl dafür, welche Mischung man wie lange allein lassen kann. Weiße Schokolade beispielsweise brennt leicht an und erfordert deshalb besondere Aufmerksamkeit.
- **Wasserbad:** Die Zutaten zum Schmelzen in eine hitzebeständige Glasschüssel geben. Einen Topf mit etwas kleinerem Durchmesser als die Schüssel etwa zwei Zentimeter hoch mit Wasser füllen und dieses zum Kochen bringen. Die Schüssel so in den Topf setzen, dass sie das Wasser nicht berührt. Die Schokolade unter ständigem Rühren mit einem Gummilöffel erhitzen, ohne dass sie dabei in Kontakt mit dem Wasser oder dem Wasserdampf kommt. Kurz bevor die Schokolade vollständig geschmolzen ist, den Topf vom Herd nehmen und weiterrühren, bis alles gleichmäßig geschmolzen ist. So vermeidet man Überhitzung.

Zitrusfrüchte und -abrieb

Zitronen- und Orangenabrieb stellt man am einfachsten mit einer feinen Handreibe her. Nach Abrieb der äußersten, farbigen Schalenschicht (die weiße Innenhaut ist bitter und sollte nicht verwendet werden) kann die Frucht halbiert und ausgepresst werden. In den Rezepten wird meist der Saft von ein oder zwei Früchten verwendet. Größere Saftmengen sind in Millilitern angegeben, hier kann auch fertig gekaufter Saft zum Einsatz kommen. Sollte der Saft einer abgeriebenen Zitrone oder Orange nicht benötigt werden, kann man die Frucht auch für eine spätere Verwendung einfrieren.

Vorbereitung und Ausstattung

Alle Rezepte setzen einen vorgeheizten Backofen voraus, Backtemperatur und Backzeit sind jeweils angegeben. In vielen Rezepten wird die Backform zunächst mit Backpapier ausgelegt, damit Kuchen und Gebäck sich leichter herauslösen lassen. Man kann hier auch Silikonbackmatten oder Dauerbackfolie verwenden. Mittlerweile sind auch Backformen aus Silikon in diversen Größen und Formen erhältlich.

Wenn in einem Rezept eine Küchenmaschine zum Einsatz kommt, kann ebenso gut ein Stabmixer verwendet werden, vor allem, wenn mit kleinen Mengen gearbeitet wird. Einige Backformen sollten aus Sicherheitsgründen immer auf einem Backblech in den Ofen geschoben werden, dazu gehören:
- Springformen
- Tarteformen mit Hebeboden
- Muffinformen aus Silikon und einzelne Papierbackförmchen

Für Muffins beziehungsweise Minikuchen kann man entweder Papierförmchen in einem traditionellen Muffinblech oder eine Muffinform aus Silikon verwenden, je nachdem, wie saftig die fertigen Muffins werden sollen (bei höherer Feuchtigkeit eignet sich Silikon besser als Papier) und ob man sie später transportieren möchte (das geht in Papierförmchen leichter).

Zum einfacheren Dekorieren empfiehlt sich die Anschaffung einer Drehvorrichtung für den Tisch, damit kommt man beim Glasieren von allen Seiten gut an die Torte heran.

Kuchen & Torten

Stachelbeertorte

150 g Butter, zerlassen, plus etwas für die
 Form
Tapiokamehl zum Bestäuben
5 Eier
100 g Rohrohrzucker
200 g Mandeln, gemahlen
100 g Sorghum-Mehl
1½ TL glutenfreies Backpulver
1½ TL Guakernmehl
1 TL Vanilleextrakt
1 Prise Salz
450 g grüne Stachelbeeren, von Stielen und
 Blütenresten befreit, gewaschen und
 trocken getupft

GLASIERTE BEEREN

7 ganze Stachelbeeren, von Stielen und
 Blütenresten befreit, gewaschen und
 trocken getupft
1 EL Eiweiß
1–2 EL extrafeiner Zucker

HOLUNDERBLÜTENCREME

200 g Crème double
2 EL Holunderblütensirup
40 g Puderzucker, gesiebt

Für: 1 runde Springform
(24 cm Ø)
Zubereitungszeit:
ca. 60 Minuten
Haltbarkeit:
gekühlt bis zu 3 Tage, ohne
Creme gut einzufrieren
Kompost:
Eierschalen, Obstabfälle

Zu dem saftigen Biskuitteig mit Stachelbeeren passt die federleichte Haube aus Holunderblütencreme einfach perfekt. Durch ihren hohen Fruchtanteil enthält die Torte viel Vitamin A und C. Idealerweise verwendet man die knackigen grünen Frühsommerbeeren, aber die Torte schmeckt auch mit den roten oder gelben Sorten, sie ist dann nur um einiges süßer. Wenn Sie keine frischen Stachelbeeren bekommen, können Sie auch Tiefkühlware verwenden. Da sie sehr saftig ist, muss die Torte unbedingt im Kühlschrank aufbewahrt werden. Sollte der Cremeüberzug nach ein, zwei Tagen etwas angetrocknet sein, kann man ihn einfach mit einer Gabel wieder »auffrischen«.

Den Backofen auf 180 °C vorheizen. Den Boden der Springform mit Backpapier auslegen, dann die Form mit Butter einfetten und mit Tapiokamehl bestäuben.

Die Eier in eine große Rührschüssel geben und mit dem Rührgerät auf höchster Stufe schaumig schlagen. Die geschmolzene Butter dazugeben und alles weiter schlagen. Zucker, Mandeln, Sorghum-Mehl, Backpulver, Guakernmehl, Vanilleextrakt und Salz hinzufügen und alles zu einer cremigen Masse verarbeiten. Mithilfe eines Teigspachtels die Stachelbeeren so behutsam unterheben, dass sie nach Möglichkeit ganz bleiben.

Den Teig in die Springform füllen und diese einmal kräftig auf der Arbeitsfläche aufschlagen, um eingeschlossene Luftblasen zu entfernen. Im vorgeheizten Backofen 45 Minuten backen, bis der Teig fest ist, auf Druck aber noch leicht nachgibt. Mit einem Holzstäbchen die Garprobe machen – der Kuchen ist fertig, wenn keine Teigreste mehr am Stäbchen kleben bleiben.

Den Teigboden aus dem Ofen nehmen und 10–15 Minuten ruhen lassen. Danach den Boden aus der Form lösen und auf einem Kuchengitter auskühlen lassen, zum Schluss das Backpapier abziehen.

In der Zwischenzeit für die glasierten Beeren die restlichen Stachelbeeren dünn mit dem Eiweiß bestreichen und in dem Zucker wenden. Auf Backpapier trocknen lassen.

Für die Holunderblütencreme die Crème double mit dem Sirup und dem gesiebten Puderzucker verteilen, dabei nach Belieben glatt streichen oder strukturiert belassen. Mit den glasierten Beeren dekorieren.

Ab in die Tiefkühltruhe

Sollten Sie sehr viele Stachelbeeren auf Vorrat haben, backen Sie doch einfach gleich mehrere »Tortenrohlinge« und frieren Sie sie ein. Nach dem Auftauen werden sie dann mit der Creme bestrichen.

Früchtekuchen »Bumble Barrow«

Für: 1 runde Springform
(24 cm Ø)
Zubereitungszeit:
ca. 90 Minuten (plus
Einweichzeit)
Haltbarkeit: luftdicht verpackt
bis zu 7 Tage, gut einzufrieren
Kompost: Eierschalen,
Teebeutel, Obstabfälle

50 g Rosinen
50 g kandierte Kirschen, gehackt
40 g getrocknete Aprikosen, gehackt
1 Beutel Schwarztee (gute Qualität)
175 g Butter, plus etwas Butter für die Form
Tapiokamehl zum Bestauben
Abrieb und Saft von 1 unbehandelten
   Orange
½ TL Orangenöl
100 g Amondi-Plätzchen (s. S. 130) oder
   Amaretti
25 g eingelegte Ingwerstäbchen
   (Abtropfgewicht)
2 Eier
150 g Rohrohrzucker, plus 1 EL zum
   Bestreuen
100 g Klebreismehl
1 TL glutenfreies Backpulver
100 g Walnüsse, geröstet und gemahlen
50 g Maisgrieß
50 g Mandeln, geröstet und gehackt
25 g Orangeat und Zitronat, gemischt
½ TL Lebkuchengewürz
1 TL Vanilleextrakt

Der Name dieses runden Früchtekuchens (Bumble = Früchtemischung) ist eine Hommage an ein wunderschönes Fleckchen in Dorset namens Bulbarrow Hill. Von unserem Café aus haben wir einen tollen Blick auf den Bulbarrow, und die Wanderungen hinauf sind immer ein Erlebnis. Dieser feste und zugleich saftige Früchtekuchen entstand im Gedenken an meine Abenteuer dort oben. Das Einwei-chen der Trockenfrüchte in Tee macht den Kuchen noch saftiger und aromatischer. Er passt auch hervorragend zu einem kräftigen Käse wie Cheddar oder Bergkäse.

Am Vortag die Trockenfrüchte einweichen. Dazu den Teebeutel mit 100 Millilitern kochendem Wasser übergießen und den Tee 30 Minuten ziehen lassen. Rosinen, Kirschen und Aprikosen in eine Schüssel geben. Den Tee samt Teebeutel dazugeben, die Früchte über Nacht durchziehen lassen.

Den Backofen auf 170 °C vorheizen. Den Boden der Springform mit Backpapier auslegen, dann die Form einfetten und mit Tapiokamehl bestauben. Die Butter zusammen mit dem Orangenabrieb in einem Topf schmelzen. Leicht abkühlen lassen und das Orangenöl hinzugeben. Das eingeweichte Trockenobst in ein Sieb abgießen und gut abtropfen lassen, den Teebeutel entfernen. Die Amondi-Plätzchen in der Küchenmaschine grob mahlen. Die Ingwerstäbchen in der Küchenmaschine zerkleinern.

Die Eier in eine große Rührschüssel geben. Alle restlichen Zutaten einschließlich dem Orangensaft, dem Ingwer, den gemahlenen Plätzchen und den abgetropften Trockenfrüchten hinzufügen. Zum Schluss die Butter-Orangen-Mischung zugeben. Alles mit dem Rührgerät zu einem zart orangefarbenen, cremigen Teig verrühren.

Den Teig in die Springform füllen und diese einmal kräftig auf der Arbeitsfläche aufschlagen, um eingeschlossene Luftblasen zu entfernen. Im vorgeheizten Backofen 35 Minuten backen, dann mit Backpapier abdecken, damit der Kuchen nicht zu dunkel wird. 30–35 Minuten weiterbacken, bis er fest ist. Mit einem Holzstäbchen die Garprobe machen – der Früchtekuchen ist fertig, wenn keine Teigreste mehr am Stäbchen kleben bleiben. Mit einem Esslöffel Rohrohrzucker bestreuen und in der Form auskühlen lassen.

Das gewisse Etwas

Dieser Früchtekuchen schmeckt noch aromatischer, wenn man den hellen Rohrohrzucker durch Muscovado-Zucker (oder einen anderen sehr dunklen braunen Zucker) ersetzt.

Rhabarber-Mandel-Kuchen mit Karamellkruste

RHABARBERKOMPOTT

300 g Rhabarber, in 4–5 cm lange Stücke
geschnitten

70 g Rohrohrzucker

3 EL Amaretto

KARAMELL-RHABARBER

75 g Butter

70 g Rohrohrzucker

½ EL heller Zuckerrübensirup

100 g Rhabarber, in 4–5 cm lange Stücke
geschnitten

225 g Butter, zerlassen, plus etwas für die
Form

3 Eier

140 g Mandeln, gemahlen

70 g Maisgrieß

70 g Sorghum-Mehl

1 TL glutenfreies Backpulver

140 g Rohrohrzucker

140 g Mandeln, geröstet und gehackt

1 Prise Salz

1 TL Mandelextrakt

½ TL Vanilleextrakt

MANDEL-KARAMELL-KRUSTE

55 g Mandeln

90 g Zucker

Für: 1 runde Springform
(24 cm Ø)
Zubereitungszeit: ca. 90 Minuten (plus Zeit zum Auskühlen)
Haltbarkeit: gekühlt bis zu
3 Tage
Kompost: Eierschalen,
Obstabfälle

Dieser Kuchen sieht nicht nur toll aus, sondern schmeckt auch unglaublich lecker. Obendrein ist er richtig gesund, denn Rhabarber enthält viel Vitamin A und C. Man kann ihn auch warm genießen, dazu passt dann prima ein Klecks echt britische Clotted Cream oder Crème double.

Den Backofen auf 180 °C vorheizen. Für das Rhabarberkompott den Rhabarber in eine Auflaufform geben, mit Zucker bestreuen und mit Amaretto beträufeln. Etwa 20 Minuten im Ofen garen, zwischendurch einmal umrühren. Die Rhabarberstücke sollten dabei ihre Form behalten. Abkühlen lassen.

Für den Karamell-Rhabarber die Butter in einer Pfanne bei schwacher bis mittlerer Hitze schmelzen, dann den Zucker, den Sirup und den Rhabarber hinzufügen. Vorsichtig mit einem Holzlöffel rühren, bis sich alles zu einer sämigen Masse verbunden hat. Die Hitze reduzieren und Masse 5–7 Minuten weiter einkochen lassen, bis der Rhabarber weich, aber nicht matschig ist. Beiseite stellen. Die Ofentemperatur auf 170 °C reduzieren.

Den Boden der Springform mit Backpapier auslegen, dann die Form mit Butter einfetten und mit Tapiokamehl bestauben. Die Eier in eine große Rührschüssel geben und alle trockenen Zutaten hinzufügen. Den Mandel- und den Vanilleextrakt, die zerlassene Butter, den Karamell-Rhabarber und 100 Gramm Rhabarberkompott dazugeben und alles mit dem Rührgerät zu einem glatten Teig verarbeiten. Den Teig in die Springform füllen und im vorgeheizten Backofen 30 Minuten backen, dann mit Backpapier abdecken und weitere 10–12 Minuten backen, bis der Teig auf Druck noch leicht nachgibt und bei der Garprobe mit einem Holzstäbchen keine Teigreste mehr daran kleben bleiben.

Den Kuchen 1 Stunde in der Form auskühlen lassen. Aus der Form lösen, das Backpapier abziehen und den Kuchen auf eine Servierplatte setzen. Das restliche Rhabarberkompott mitsamt der Schmorflüssigkeit gleichmäßig auf dem Kuchen verteilen (bei Bedarf erneut erwärmen, damit die Masse sich gleichmäßig verteilen lässt). Für die Mandel-Karamell-Kruste die Mandeln grob hacken und mit dem Zucker in einem kleinen Topf bei schwacher Hitze unter ständigem Rühren erhitzen, bis sich der Zucker vollständig aufgelöst hat und die Mandeln wie ein Sirup umhüllt. Vorsicht, die Flüssigkeit ist sehr heiß! Die Karamellmasse gleichmäßig auf der Rhabarberschicht verteilen. Vor dem Verzehr unbedingt gut auskühlen lassen!

Ab in die Tiefkühltruhe!

Wenn Sie viel Rhabarber haben, kochen Sie einfach etwas mehr Kompott ein. Es lässt sich sehr gut einfrieren.

Himbeertorte mit weißer Schokolade

Für: 2 Springformen
(20 cm Ø)
Zubereitungszeit:
ca. 70 Minuten
Haltbarkeit: noch am gleichen
Tag verzehren
Kompost: Eierschalen

HIMBEERKOMPOTT

200 g Himbeeren
4 EL flüssiger Honig, ½ TL Zimtzucker

etwas Butter für die Formen
Tapiokamehl für die Formen
4 Eier
150 g Rohrohrzucker
125 g Haselnüsse, gemahlen
50 g Maisgrieß
25 g Sorghum-Mehl
1½ TL glutenfreies Backpulver
1½ TL Guakernmehl
1 Prise Salz
75 g Haselnüsse, geröstet und gehackt
150 g weiße Schokolade, gehackt
5–6 EL hochwertige Himbeerkonfitüre
24 Himbeeren zum Dekorieren

CREMEFÜLLUNG UND -HAUBE

200 g Mascarpone
100 g Crème double
100 g Crème fraîche
60 g Puderzucker
1 TL Zitronensaft
1 TL Vanilleextrakt

HIMBEERZUCKER

1 gefriergetrocknete Himbeere
1 TL Puderzucker

Diese Torte gelingt kinderleicht und passt perfekt zu sonnigen Sommertagen. Sobald die Cremehaube »sitzt« und die Torte von allen Seiten gebührend bewundert worden ist, sollte man sich allerdings schnell über das Kunstwerk hermachen, bevor die Sahne zerläuft.

Den Backofen auf 180 °C vorheizen. Für das Himbeerkompott die Himbeeren in eine Auflaufform geben, mit Honig beträufeln und mit Zimtzucker bestreuen. Etwa 20 Minuten im Ofen garen, danach 5 Minuten abkühlen lassen.

Zwei Springformen mit Butter einfetten und mit Tapiokamehl bestauben. Die Eier in eine große Rührschüssel geben. Den Zucker, die gemahlenen Haselnüsse, den Maisgrieß, das Sorghum-Mehl, das Backpulver, das Guakernmehl und das Salz hinzufügen und alles mit dem Rührgerät zu einem glatten, festen Teig verarbeiten. Mithilfe eines Teigspachtels die gehackten Haselnüsse, die weiße Schokolade und das Himbeerkompott unterheben.

Die Masse auf die beiden Springformen verteilen und im vorgeheizten Backofen 20–25 Minuten backen, bis bei der Garprobe keine Teigreste mehr an einem Holzstäbchen kleben bleiben. Die Tortenböden aus dem Ofen nehmen und ein paar Minuten in der Form ruhen lassen. Dann auf ein Kuchengitter heben. Dabei einen der beiden Böden so umdrehen, dass die Unterseite nach oben zeigt.

Für die Cremefüllung den Mascarpone, die Crème double, die Crème fraîche, den Puderzucker, den Zitronensaft und den Vanilleextrakt in eine Schüssel geben und mit dem Rührgerät steif schlagen.

Für den Himbeerzucker die gefriergetrocknete Himbeere mit der Rückseite eines Löffels fein zerdrücken. Das Pulver mit dem Puderzucker vermischen – je größer der Himbeeranteil, desto kräftiger färbt sich der Zucker. Diese Mischung immer nur bei Bedarf anrühren, da gefriergetrocknete Himbeeren nach ein paar Stunden weich werden.

Den umgedrehten Tortenboden dick mit der Himbeerkonfitüre bestreichen. Die Hälfte der Cremefüllung darüber verteilen. Den zweiten Tortenboden daraufsetzen und mit der restlichen Cremefüllung bestreichen. Die Torte mit den Himbeeren dekorieren und mit dem Himbeerzucker bestauben.

Öfter mal etwas Neues

Diese Torte schmeckt mit allen weichen Beeren, die der Sommer zu bieten hat.

Gestürzter Pflaumenkuchen

Für: 1 Kastenform (25 cm)
Zubereitungszeit:
ca. 80 Minuten
Haltbarkeit:
noch am gleichen Tag
verzehren oder einfrieren
Kompost: Eierschalen,
Obstabfälle

BELAG
8 rote Pflaumen, halbiert und entsteint
4 EL Rohrohrzucker
100 ml Orangensaft

etwas Butter für die Form
2 Eier
185 g Maisgrieß
60 g Mandeln, gemahlen
1½ TL glutenfreies Backpulver
¾ TL Guakernmehl
¾ TL Vanilleextrakt
100 g Butter, zerlassen
185 g Reissirup
200 g Crème fraîche
2 EL Orangensaft

Mit diesem Kuchen lässt sich wunderbar übrig gebliebenes Saisonobst verwerten. Statt Pflaumen kann man auch Zwetschgen oder Pfirsiche verwenden, wichtig ist nur, dass das Obst eine gewisse Festigkeit hat. Das Tolle an den roten Pflaumen ist der wunderschöne Farbkontrast zu dem sonnengelben Maisgrieß des Teigs. Der Kuchen selbst ist nicht übermäßig süß, aber sobald man ihn stürzt, saugt sich der Teig mit den herrlichen Säften der Früchte voll. Er schmeckt auch warm köstlich, zum Beispiel mit selbstgemachtem Vanillepudding (siehe Seite 147).

Den Backofen auf 180 °C vorheizen. Für den Belag die Pflaumenhälften mit der Schale nach oben in eine Auflaufform legen. Den Zucker mit dem Orangensaft mischen und die Mischung über die Pflaumen gießen. 15–17 Minuten im Ofen garen, bis die Pflaumen weich sind, aber noch ihre Form haben. Herausnehmen und in der Auflaufform abkühlen lassen.

Die Kastenform mit Butter einfetten, dann mit Backpapier auslegen und das Backpapier ebenfalls großzügig einfetten. Die Eier in eine große Rührschüssel geben und den Maisgrieß, die Mandeln, das Backpulver, das Guakernmehl und den Vanilleextrakt hinzufügen. In einer zweiten Schüssel die zerlassene Butter, den Reissirup, die Crème fraîche und den Orangensaft mit dem Rührgerät auf niedriger Stufe gerade so lange verrühren, bis alle Zutaten gleichmäßig vermischt sind. Es macht nichts, wenn die Masse klumpig aussieht. Die Mischung zu den trockenen Zutaten und den Eiern geben und alles auf höchster Stufe zu einem hellen, cremigen Teig verarbeiten.

Die gegarten Pflaumen mit der Schale nach unten in die Kastenform legen. 20 Milliliter der Kochflüssigkeit abmessen und über die Pflaumen träufeln. Den Rest beiseite stellen.

Den Teig gleichmäßig und behutsam auf dem Belag in der Kastenform verteilen. Im vorgeheizten Backofen 30 Minuten backen, dann mit Backpapier abdecken und weitere 10–12 Minuten backen, bis die Oberfläche auf Druck noch leicht nachgibt. Der Kuchen ist fertig, wenn bei der Garprobe keine Teigreste mehr an einem Holzstäbchen kleben bleiben. Den Kuchen vorsichtig mit einem Messer von den Wänden der Form lösen, dann mithilfe eines ausreichend großen Tellers stürzen. Die Kastenform abheben und das Backpapier abziehen. Zum Schluss den warmen Kuchen mit dem restlichen Pflaumensaft beträufeln.

Dorset-Apfelkuchen

250 g Äpfel

Saft von 1 Zitrone

200 g Rosinen

2 EL Apfelweinbrand (z. B. Somerset Cider Brandy oder Calvados)

275 g Butter, zerlassen, plus etwas für die Form

Tapiokamehl zum Bestauben

3 Eier

300 g Vanillezucker (s. S. 11)

250 g Mandeln, gemahlen

70 g Hirsemehl

60 g Klebreismehl

2 TL glutenfreies Backpulver

1 TL Guakernmehl

1 TL Zimt

BELAG

2 Äpfel, in dünne Spalten geschnitten

1 EL Zimtzucker

Für: 1 runde Springform (24 cm Ø)
Zubereitungszeit: ca. 90 Minuten
Haltbarkeit: gekühlt bis zu 5 Tage, gut einzufrieren
Kompost: Eierschalen, Obstabfälle

Wir haben das große Glück, dass auf der Naish Farm ein paar schöne, alte Apfelbäume stehen. Es gibt nicht mehr viele Obstgärten in Dorset, aber man ist bestrebt, die alte Anbautradition wieder aufleben zu lassen. Die Apfelsorten hier tragen witzige Namen wie »Slack Ma Girdle« (dt. Gürtellöser) oder »Buttery Door« (dt. Speisekammertür). Dieses Rezept passt hervorragend in den nebligen Frühherbst, wenn man gar nicht weiß, wohin mit all den Äpfeln. Es ist dabei ganz egal, welche Sorte Sie verwenden. Da der berühmte Somerset Cider Brandy quasi aus unserer Nachbarschaft kommt, verarbeiten wir ihn in diesem Rezept. Sie können aber natürlich auch jeden anderen Apfelweinbrand oder Calvados nehmen.

Backofen auf 170 °C vorheizen. Die Äpfel schälen und entkernen. In zwei bis drei Zentimeter dicke Würfel schneiden und in einer Schüssel mit dem Zitronensaft vermengen. Beiseite stellen.

Die Rosinen mit dem Apfelweinbrand in einem kleinen Topf 2 Minuten sanft erhitzen. Beiseite stellen.

Den Boden der Springform mit Backpapier auslegen, dann die Form mit Butter einfetten und mit Tapiokamehl bestauben. Die Eier in eine große Rührschüssel geben und zunächst sämtliche trockenen Zutaten, dann die Rosinen mit dem Apfelweinbrand hinzufügen. Die zerlassene Butter dazugeben und alles mit dem Rührgerät zu einem glatten, hellen Teig verarbeiten. Mit einem Teigspachtel die Äpfel unterheben. Der Zimt sollte sich dabei gleichmäßig in der Masse verteilen.

Den Teig in die Springform füllen und diese einmal kräftig auf der Arbeitsfläche aufschlagen, um eingeschlossene Luftblasen zu entfernen. Die Apfelspalten spiralförmig auf der Teigschicht anordnen, dabei die Spalten senkrecht so in den Teig drücken, dass nur noch die Rücken mit der Schale zu sehen sind. Mit dem Zimtzucker bestreuen.

Im vorgeheizten Backofen 20 Minuten backen, dann mit Backpapier abdecken, damit die Äpfel nicht zu dunkel werden. Weitere 40–45 Minuten backen, bis der Kuchen auf Druck noch leicht nachgibt. Der Kuchen ist fertig, wenn bei der Garprobe an einem Holzstäbchen keine Teigreste mehr kleben bleiben. (Die Backzeit hängt auch von der Saftigkeit der Äpfel ab, deshalb nach 1 Stunde Backzeit alle 10 Minuten eine Garprobe machen.) Den Kuchen auskühlen lassen, dann aus der Form lösen und das Backpapier abziehen.

Für Kinder

Wenn Kinder mitessen sollen, kann man den Apfelweinbrand oder Calvados einfach durch Apfelsaft ersetzen.

Bananenkuchen

Für: 1 Kastenform (20 cm)
Zubereitungszeit:
ca. 55 Minuten
Haltbarkeit:
gekühlt bis zu 5 Tage,
gut einzufrieren
Kompost:
Eier- und Bananenschalen

75 g Butter, zerlassen, plus etwas für die Form
Tapiokamehl zum Bestauben
2 Eier
100 g Rohrohrzucker
100 g Mandeln, gemahlen
50 g Leinsamenmehl
1 TL Zimt
¾ TL Guakernmehl
¾ TL glutenfreies Backpulver
1 Prise Salz
325 g Bananen (3 mittelgroße)
70 g Rosinen
25 g Sonnenblumenkerne, geröstet

BELAG
1 Banane
etwa 1 EL Zimtzucker

In diesem Kuchen steckt extrem viel Banane. Man könnte auch noch gehackte Schokolade untermischen, aber wir lieben den unverfälschten Bananenkick. In Sachen Saftigkeit ist dieser Kuchen kaum zu übertreffen!

Den Backofen auf 170 °C vorheizen. Die Kastenform mit Backpapier auslegen. Dann mit flüssiger Butter einfetten und mit Tapiokamehl bestauben.

Die Eier in eine große Rührschüssel geben. Den Zucker, die Mandeln, das Leinsamenmehl, den Zimt, das Guakernmehl, das Backpulver und das Salz hinzufügen. Zum Schluss die zerlassene Butter dazugeben und alles mit dem Rührgerät zu einem glatten, zähflüssigen Teig verarbeiten.

Die Bananen in mundgerechte Stücke brechen und zusammen mit den Rosinen und den Sonnenblumenkernen zum Teig geben. Alles mit einem Teigspachtel verrühren.

Den Teig in die Kastenform füllen und diese einmal kräftig auf der Arbeitsfläche aufschlagen, um eingeschlossene Luftblasen zu entfernen. Für den Belag die Banane in drei Millimeter dicke Scheiben schneiden und diese wie Schindeln überlappend in einer Reihe auf den Teig setzen. Mit dem Zimtzucker bestreuen.

Im vorgeheizten Backofen 35 Minuten backen, dann mit Backpapier abdecken und weitere 5 Minuten backen, bis der Kuchen fest ist. Bei der Garprobe darf das hineingesteckte Holzstäbchen zwar feucht sein, es sollten aber keine Teigreste mehr daran kleben. Die Backofentür nicht zu häufig öffnen, da der Kuchen sonst zusammenfällt. Er geht insgesamt schön auf, sinkt beim Abkühlen aber wieder etwas zusammen. Vollständig auskühlen lassen, dann aus der Form lösen und das Backpapier abziehen.

Das gewisse Etwas
Der Kuchen schmeckt auch warm und mit hausgemachtem Vanillepudding (siehe Seite 147) ganz hervorragend.

Zitronenkuchen

Für: 1 Kastenform (20 cm)
Zubereitungszeit: ca. 80 Minuten
Haltbarkeit: luftdicht verpackt bis zu 5 Tage, gut einzufrieren
Kompost: Eierschalen, Obstabfälle

175 g Butter, plus etwas für die Form
Abrieb (fein) von 2 unbehandelten Zitronen
Saft von 1 Zitrone
25 g Tapiokamehl, plus etwas für die Form
2 Eier
1 TL glutenfreies Backpulver
150 g Zucker
60 g Mandeln, gemahlen
40 g Sorghum-Mehl
25 g Maisstärke
25 g Maisgrieß
1 TL Zitronenöl

GLASUR
50 g Zucker, plus etwas zum Bestreuen
Saft von ½ Zitrone

Dieser Kuchen ist besonders locker und duftig und schmeckt so richtig zitronig. Alle Zutaten sollten möglichst frisch sein, und man sollte sie zügig verarbeiten, sonst beginnt der Teig zu klumpen und die Zitrone verliert ihren Pep. Der Kuchen ist schon pur köstlich, man kann ihn aber auch leicht erwärmen und mit Crème fraîche und einem Klecks traditionellem englischem Lemon Curd servieren – dann hängt der Himmel erst recht voller Zitronen.

Den Backofen auf 170 °C vorheizen. Die Butter zusammen mit dem Zitronenabrieb unter Rühren zerlassen, dabei nicht zu heiß werden lassen. Den Zitronensaft einrühren.

Die Kastenform mit Backpapier auslegen. Dann mit flüssiger Butter einfetten und mit Tapiokamehl bestäuben. Die Eier in eine große Rührschüssel geben und das Backpulver, den Zucker, die Mandeln, das Tapiokamehl, das Sorghum-Mehl, die Maisstärke, den Maisgrieß und das Zitronenöl hinzufügen. Zum Schluss die Butter-Zitronen-Mischung dazugeben und alles mit dem Rührgerät zunächst auf niedriger, dann auf höchster Stufe zu einem glatten goldgelben Teig verarbeiten.

Den Teig in die Form füllen und diese einmal kräftig auf der Arbeitsfläche aufschlagen, um eingeschlossene Luftblasen zu entfernen. Im vorgeheizten Backofen 30 Minuten backen, dann mit Backpapier abdecken, damit der Kuchen nicht zu dunkel wird. Weitere 15–20 Minuten backen, bis der Kuchen auf Druck noch leicht nachgibt. Der Kuchen ist fertig, wenn bei der Garprobe an einem Holzstäbchen keine Teigreste mehr kleben bleiben. Dass die Oberfläche beim Backen etwas einreißt, ist normal.

In die Oberfläche des noch heißen Kuchens mit einem Holzstäbchen oder Zahnstocher gleichmäßig Löcher stechen. Je tiefer man einsticht, desto saftiger wird der Kuchen.

Für die Glasur den Zucker mit dem Zitronensaft verrühren und die Mischung mit einem Löffel auf dem noch warmen Kuchen verteilen. Mit dem Löffelrücken verstreichen, sodass sie gut in die Löcher eindringen kann. Den Kuchen 10 Minuten ruhen lassen, dann mit Zucker bestreuen. Vollständig auskühlen lassen, erst dann aus der Form lösen.

Das gewisse Etwas
Den ausgekühlten Kuchen dick mit original englischem Lemon Curd bestreichen.

Zucchinitorte

Für: 2 runde Springformen (20 cm Ø)
Zubereitungszeit: ca. 60 Minuten
Haltbarkeit: luftdicht verpackt 1 Tag, gut einzufrieren
Kompost: Eierschalen, Gemüseabfälle

2 EL Olivenöl, plus etwas für die Formen
50 g Tapiokamehl, plus etwas für die Formen
5 Eier
225 g Rohrohrzucker
100 g Sorghum-Mehl
50 g Maisstärke
2 TL glutenfreies Backpulver
100 g Haselnüsse, gemahlen
100 g Macadamianüsse, geröstet und grob gehackt
75 g Macadamianüsse, geröstet und gemahlen
Abrieb von 2 unbehandelten Limetten
2 EL Limettenkonfitüre
½ TL Salz
225 g Zucchini, gerieben

LIMETTENGLASUR
100 g Zucker
Saft von 2 Limetten
Limetten-Buttercreme
350 g Puderzucker, plus etwas zum Bestauben
Abrieb von 2 unbehandelten Limetten
50 g Butter oder vegane Margarine, zerlassen

Diese Torte schafft auf leckere Weise Abhilfe, wenn Ihr Garten mal wieder überquillt vor Zucchini. Da Macadamianüsse sehr ölreich sind, kommt man hier mit einem Schuss Olivenöl aus und kann auf Butter im Teig ganz verzichten.

Den Backofen auf 180 °C vorheizen. Zwei runde Springformen mit Olivenöl einfetten und mit Tapiokamehl bestäuben.

Alle Zutaten außer den geriebenen Zucchini in eine große Rührschüssel geben und mit dem Rührgerät zu einem glatten Teig verarbeiten. Mit einem Teigspachtel die Zucchini unterheben.

Den Teig auf die beiden Formen verteilen und im vorgeheizten Backofen 20–30 Minuten backen, bis die Böden fest sind, auf Druck aber noch leicht nachgeben. Die Tortenböden sind fertig, wenn bei der Garprobe an einem Holzstäbchen keine Teigreste mehr kleben bleiben.

Inzwischen für die Limettenglasur den Zucker und den Limettensaft unter Rühren erhitzen, bis sich der Zucker vollständig aufgelöst hat. Die noch warmen Tortenböden gleichmäßig mit einem Holzstäbchen oder Zahnstocher tief einstechen. Beide Teigscheiben mit der Limettenglasur übergießen und in den Formen vollständig auskühlen lassen.

Für die Limetten-Buttercreme den Puderzucker in eine Schüssel sieben und den Limettenabrieb und die zerlassene Butter hinzufügen. Alles mit dem Rührgerät schlagen. Dabei löffelweise den Limettensaft zugeben, bis eine cremige, streichfeste Masse entsteht (dazu wird eventuell nicht der gesamte Saft benötigt).

Die Tortenböden aus den Formen lösen. Einen von beiden so umdrehen, dass seine Unterseite nach oben zeigt. Die Fläche dick mit der Limetten-Buttercreme bestreichen, dann den zweiten Tortenboden daraufsetzen. Die Torte leicht mit Puderzucker überstauben.

Die laktosefreie Variante
Wenn Sie die Limetten-Buttercreme statt mit Butter mit veganer Margarine zubereiten, ist die Torte nicht nur gluten-, sondern auch laktosefrei.

Karottenkuchen

85 g Butter, zerlassen, plus etwas für die
    Form

Tapiokamehl für die Form

4 Eier

150 g Rohrrohrzucker

100 g Leinsamenmehl

50 g Walnüsse (oder Mandeln), geröstet
    und gemahlen

Abrieb von 2 unbehandelten Orangen

1 TL Orangenöl

2 TL Lebkuchengewürz

1 TL Zimt

1½ TL Guakernmehl

1½ TL glutenfreies Backpulver

250 g Karotten, gerieben

50 g ungesüßte Kokoschips, grob gehackt

125 g Rosinen

50 g Walnüsse, grob gehackt

350 g Puderzucker

50 g Butter, zerlassen

Abrieb von 2 unbehandelten Orangen

1 TL Orangenöl

2–4 EL Orangensaft

Durch die vielen Karotten steckt dieser kernige Kuchen voller Antioxidantien wie Vitamin A, C und E. Er schmeckt auch ohne Glasur, aber die dicke Schicht aus Orangen-Buttercreme ergänzt sein intensives Aroma einfach wunderbar. Mit langen Orangenzesten dekoriert sieht er noch appetitlicher aus.

Den Backofen auf 170 °C vorheizen. Die Kastenform mit Backpapier auslegen. Dann mit flüssiger Butter einfetten und mit Tapiokamehl bestauben.

Die Eier in eine große Rührschüssel geben und den Zucker, das Leinsamenmehl, die gemahlenen Walnüsse, den Orangenabrieb und das Orangenöl, die Gewürze, das Guakernmehl und das Backpulver hinzufügen. Zum Schluss die zerlassene Butter dazugeben und alles mit dem Rührgerät auf höchster Stufe zu einem glatten, cremigen Teig verarbeiten.

Die Karotten, die Kokoschips, die Rosinen und die gehackten Walnüsse zugeben und mit einem Teigspachtel so lange unterrühren, bis alle Zutaten gleichmäßig im Teig verteilt sind.

Den Teig in die Form füllen und diese einmal kräftig auf der Arbeitsfläche aufschlagen, um eingeschlossene Luftblasen zu entfernen. Im vorgeheizten Backofen 30 Minuten backen, dann mit Backpapier abdecken, damit der Kuchen nicht zu dunkel wird oder die Nüsse anbrennen. Weitere 15–20 Minuten backen, bis der Kuchen fest ist. Er bekommt eine relativ dicke Kruste, die beim Backen etwas einreißen kann. Mit einem Holzstäbchen die Garprobe machen – der Kuchen ist fertig, wenn das Stäbchen zwar noch etwas feucht ist, aber keine Teigreste mehr daran kleben. Den Kuchen aus dem Ofen nehmen und 3–4 Minuten ruhen lassen, dann aus der Form lösen und auf einem Kuchengitter auskühlen lassen. Das Backpapier abziehen.

In der Zwischenzeit für die Orangen-Buttercreme den Puderzucker in eine Schüssel sieben, die zerlassene Butter, den Orangenabrieb und das Orangenöl hinzufügen und alles mit dem Rührgerät oder in der Küchenmaschine schlagen. Portionsweise den Orangensaft zugeben, bis eine cremige, streichfeste Masse entsteht (dazu wird eventuell nicht der ganze Saft benötigt). Den Kuchen dick mit der Creme bestreichen.

Öfter mal etwas Neues

Der Kuchen wird noch saftiger, wenn man die Rosinen vorab in Orangensaft einweicht und dann beides zusammen sanft erhitzt, damit die Rosinen aufquellen. Den Saft abgießen, bevor Sie die Rosinen in den Teig geben, und später für die Buttercreme verwenden.

Für: 1 Kastenform (25 cm)
Zubereitungszeit:
ca. 75 Minuten
Haltbarkeit: gekühlt bis zu
5 Tage
Kompost: Eierschalen,
Obst- und Gemüseabfälle

Kaffee-Haselnuss-Torte

200 g Haselnüsse, geröstet und gehackt

150 g Haselnüsse, gemahlen

2 EL Instant-Espressopulver

500 g Butter, zerlassen, plus etwas für die Form

100 g Tapiokamehl, plus etwas für die Form

8 Eier

450 g Rohrohrzucker

200 g Sorghum-Mehl

100 g Maisstärke

4 TL glutenfreies Backpulver

1 TL Salz

schokolierte Kaffeebohnen zum Dekorieren

KAFFEEGLASUR

1½ EL Instant-Espressopulver

1½ EL Zucker

1½ EL Whisky

KAFFEELIKÖRCREME

900 g Puderzucker

5 EL Irish-Cream-Likör

300 g Butter, zerlassen

2 TL Vanilleextrakt

1–2 EL Vollmilch (bei Bedarf)

Für: 3 runde Springformen
(20 cm Ø)
Zubereitungszeit:
ca. 60 Minuten
Haltbarkeit: luftdicht
verpackt bis zu 2 Tage
Kompost: Eierschalen

Wenn Sie bei Ihren Gästen Eindruck schinden wollen, dann ist diese Torte genau das Richtige. Sie ist in jeder Hinsicht eine Wucht, daher benötigen Sie auch eine extragroße Rührschüssel beziehungsweise eine große Küchenmaschine.

Den Backofen auf 180 °C vorheizen. Drei Springformen mit Butter einfetten und mit Tapiokamehl bestäuben.

Alle Zutaten für den Teig in eine große Rührschüssel geben und mit dem Rührgerät auf höchster Stufe 2–3 Minuten zu einer glatten Masse verarbeiten. Teigreste mit einem Teigspachtel von den Schüsselrändern kratzen. Den Teig gleichmäßig auf die drei Springformen verteilen und im vorgeheizten Backofen 30–35 Minuten backen, bis der Kuchen fest ist, auf Druck aber noch leicht nachgibt.

Inzwischen für die Kaffeeglasur das Espressopulver mit dem Zucker und dem Whisky vermischen, 150 Milliliter kochendes Wasser hinzufügen und alles so lange verrühren, bis sich der Zucker vollständig aufgelöst hat.

Von einem der Tortenböden mit einem scharfen Messer horizontal etwa ein Viertel bis ein Fünftel abschneiden – diese Teigplatte wird später für die Krümeldekoration benötigt.

Die noch warmen Teigböden gleichmäßig mit einem Holzstäbchen oder Zahnstocher einstechen, dann die heiße Kaffeeglasur darüber verteilen. Die Böden auskühlen lassen. Dann aus der Form lösen und mit den Unterseiten nach oben auf ein mit Backpapier ausgelegtes Kuchengitter legen. Die übrig gebliebene Kuchenscheibe in der Küchenmaschine zu Bröseln zerkleinern.

Für die Kaffeelikörcreme den Puderzucker in eine Schüssel sieben. Den Likör, die zerlassene Butter und den Vanilleextrakt hinzufügen und alles mit dem Rührgerät cremig schlagen. Die Masse sollte leicht verstreichbar, aber nicht zu flüssig sein. Bei Bedarf teelöffelweise noch etwas Milch oder Likör zugeben.

Alle drei Teigböden gleichmäßig mit der Creme bestreichen und dann übereinander schichten. Dabei den geteilten, dünneren Boden in der Mitte anordnen. Die zusammengesetzte Torte rundum mit der Creme bestreichen. Dann die Torte auf einer glatten Arbeitsfläche in den vorbereiteten Kuchenbröseln wälzen und mit den schokolierten Kaffeebohnen dekorieren.

Für den kleinen Hunger

Wenn man die Zutaten halbiert, passt der Teig in eine mittelgroße Spring- (24 Zentimeter Ø) oder Kastenform (25 Zentimeter).

Dattelkuchen

> **Für:**
> 1 Kastenform (25 cm)
> **Zubereitungszeit:**
> ca. 60 Minuten
> **Haltbarkeit:** luftdicht verpackt bis zu 10 Tage, gut einzufrieren
> **Kompost:** Eierschalen

zerlassene Butter für die Form
Tapiokamehl für die Form
250 g entsteinte Datteln, gehackt
1 TL Natron
¼ TL Weinstein-Backpulver
2 Eier
75 g Mandeln, gemahlen
70 g Sorghum-Mehl
2 EL Mandelöl
3 EL Ahornsirup

KARAMELLGLASUR
60 g Butter
5 EL Muscovado-Zucker (oder ein anderer sehr dunkler brauner Zucker)
2 EL Crème double

Dieser Kuchen ist relativ schwer und klebrig, weil so viel Trockenobst darin steckt. Die Glasur ist ganz einfach zu machen und wird ziemlich fest, der Kuchen lässt sich also auch aufgeschnitten gut transportieren.

Den Backofen auf 180 °C vorheizen. Die Kastenform mit Backpapier auslegen. Dann mit Butter einfetten und mit Tapiokamehl bestauben.

Die Datteln mit 100 Millilitern Wasser in einem Topf zum Kochen bringen. Das Natron und das Weinstein-Backpulver zugeben und alles ein paar Sekunden mit einem Holzlöffel verrühren, bis die Datteln das Wasser aufgesogen und Natron und Backpulver sich aufgelöst haben. Den Topf vom Herd nehmen.

Die Eier in eine große Rührschüssel geben. Die Mandeln, das Sorghum-Mehl, das Mandelöl und den Ahornsirup hinzufügen und alles mit dem Rührgerät zunächst auf niedriger, dann auf höchster Stufe gründlich vermischen. Mit einem Teigspachtel die Dattelmasse sorgfältig unterrühren. Der Teig ist jetzt sehr klumpig.

Den Teig in die Form füllen und diese einmal kräftig auf der Arbeitsfläche aufschlagen, um eingeschlossene Luftblasen zu entfernen. Im vorgeheizten Backofen 25 Minuten backen. Falls die Oberfläche zu dunkel wird, mit Backpapier abdecken. Weitere 10–15 Minuten backen, bis bei der Garprobe an einem Holzstäbchen keine Teigreste mehr kleben bleiben. Beim Backen bildet sich auf dem Kuchen eine dicke, dunkle »Nashornhaut«, die auch etwas einreißen kann. Das ist kein Grund zur Besorgnis. Den Kuchen aus dem Ofen nehmen und 10 Minuten ruhen lassen.

Inzwischen für die Karamellglasur alle Zutaten in einem Topf erhitzen, bis sich der Zucker vollständig aufgelöst hat und die Masse Blasen schlägt. Vom Herd nehmen und glatt rühren. Den Kuchen aus der Form lösen und auf ein Kuchengitter setzen. Das Backpapier abziehen und die Glasur auf dem noch warmen Kuchen verteilen. Vor dem Servieren auskühlen lassen.

Das gewisse Etwas:
Für das Plus an »Knusper« kann man den Kuchen zum Beispiel noch mit gehacktem Pekannuss-Karamell (siehe Seite 41) bestreuen.

Kokos-Limetten-Torte

Mandelöl für die Form
Tapiokamehl für die Form
200 ml Kokosmilch
250 g ungesüßte Kokoschips, gehackt
100 g extrafeiner Zucker
1 TL glutenfreies Backpulver
1 TL Salz
100 g Mandeln, gemahlen
85 g Sorghum-Mehl
Saft von 1 Limette
2 EL Limettensirup
8 Eiweiß

LIMETTENGLASUR

3 EL Limettensirup
3 EL Zucker

LIMETTEN-BUTTERCREME

350 g Puderzucker
Saft und Abrieb von 2–3 unbehandelten
    Limetten
50 g Butter oder vegane Margarine,
    zerlassen

Für: 2 runde Springformen
(20 cm Ø)
Zubereitungszeit:
ca. 55 Minuten
Haltbarkeit: luftdicht
verpackt bis zu 3 Tage,
gut einzufrieren
Kompost: Eierschalen,
Obstabfälle

Anstelle der Kokoschips kann man auch geriebene frische Kokosnuss verwenden, die Kokosmilch lässt sich durch Kokosnusswasser ersetzen. Die Torte macht noch mehr her, wenn Sie sie mit feinen, langen Limettenzesten dekorieren. Den Saft der abgezogenen, dann unbedingt unbehandelten Limette kann man dann im Teig verwerten.

Den Backofen auf 180 °C vorheizen. Die Böden zweier Springformen mit Backpapier auslegen. Die Formen mit Mandelöl einfetten und mit Tapiokamehl bestauben.

Wenn sich die Kokosmilch getrennt hat, kurz aufschlagen. Die gehackten Kokoschips, die Kokosmilch, den Zucker, das Backpulver, das Salz, die Mandeln, das Sorghum-Mehl, den Limettensaft und den Limettensirup in eine große Rührschüssel geben und mit dem Rührgerät zu einer homogenen Masse verarbeiten.

In einer zweiten Schüssel die Eiweiße steif schlagen. Den Eischnee mit einem Teigspachtel behutsam unter die Kokosmasse heben. Den Teig auf die beiden Springformen verteilen und im vorgeheizten Backofen 25 Minuten goldbraun backen. Kleine Risse an der Oberfläche sind normal. Die Böden sind fertig, wenn bei der Garprobe an einem Holzstäbchen keine Teigreste mehr kleben bleiben.

Inzwischen für die Limettenglasur den Limettensirup mit dem Zucker und einem Esslöffel Wasser unter Rühren erhitzen, bis sich der Zucker vollständig aufgelöst hat. Die noch warmen Teigböden gleichmäßig mit einem Holzstäbchen oder Zahnstocher tief einstechen und die Limettenglasur darüber verteilen. Die Böden in den Formen auskühlen lassen.

Für die Limetten-Buttercreme den Puderzucker in eine Schüssel sieben, dann den Limettenabrieb und den Limettensaft hinzufügen. Zum Schluss die zerlassene Butter zugeben und alles mit dem Rührgerät zu einer glatten Creme verarbeiten. Bei Bedarf noch etwas Limettensaft oder Puderzucker zugeben.

Die Teigböden aus den Formen lösen und das Backpapier abziehen. Einen der Böden umdrehen, sodass seine Unterseite nach oben zeigt. Die Oberfläche dick mit der Limettencreme bestreichen, dann den zweiten Boden darauflegen.

Die laktosefreie Variante

Wird für die Limettencreme statt Butter vegane Margarine verwendet, ist die Torte nicht nur gluten-, sondern auch laktosefrei.

Nilpferdtorte

Für: 2 runde Springformen (20 cm Ø)
Zubereitungszeit: ca. 60 Minuten
Haltbarkeit: gekühlt bis zu 5 Tage, gut einzufrieren
Kompost: Eierschalen

175 g Butter, zerlassen, plus etwas für die Form
Tapiokamehl für die Form
100 g eingelegte Ingwerstäbchen (Abtropfgewicht)
4 Eier
175 g Rohrohrzucker
125 g Mandeln, gemahlen
100 g Sorghum-Mehl
2 TL gemahlener Ingwer
1½ TL glutenfreies Backpulver
5–6 EL Ingwerkonfitüre (nach Belieben)
Puderzucker zum Bestauben

INGWER-MASCARPONE-CREME
250 g Mascarpone
50 g eingelegte Ingwerstäbchen (Abtropfgewicht)

Dieser niedliche Kuchen macht allen Spaß – sogar Ingwerhasser und Glutenfrei-Skeptiker lassen sich damit um den Finger wickeln.

Den Backofen auf 180 °C vorheizen. Zwei runde Springformen mit Butter einfetten und mit Tapiokamehl bestauben.

Die Ingwerstäbchen in der Küchenmaschine zerkleinern und zusammen mit den Eiern, dem Zucker, den Mandeln, dem Sorghum-Mehl, dem Ingwerpulver, dem Backpulver und der zerlassenen Butter in eine große Rührschüssel geben. Mit dem Rührgerät zu einem glatten Teig verarbeiten.

Den Teig auf die beiden Springformen verteilen und im vorgeheizten Backofen 25–30 Minuten backen, bis die Teigböden schön aufgegangen sind und auf Druck noch leicht nachgeben. Sie sind fertig, wenn bei der Garprobe an einem Holzstäbchen keine Teigreste mehr kleben bleiben. Die Böden aus den Formen lösen und auf einem Kuchengitter vollständig auskühlen lassen.

Inzwischen für die Ingwer-Mascarpone-Creme den Mascarpone und die Ingwerstäbchen in der Küchenmaschine zu einer homogenen Masse verarbeiten.

Einen der ausgekühlten Teigböden umdrehen und die flache Seite nach Belieben mit Ingwerkonfitüre bestreichen. Die Creme darauf verteilen und den zweiten Tortenboden darauflegen.

Auf einen Karton kleine Nilpferde aufzeichnen und ausschneiden. Die Schablonen im Kreis auf dem Kuchen anordnen und alles mit Puderzucker überstauben. Die Schablonen vorsichtig entfernen – fertig ist die einzigartige Nilpferdtorte!

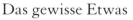

Nilpferd-Vorlage

Das gewisse Etwas
Man kann die Teigböden auch mit der Einlegeflüssigkeit der Ingwerstäbchen beträufeln, nachdem man sie noch warm mit einem Holzstäbchen eingestochen hat. Für ein kräftigeres Aroma verwenden Sie dunklen braunen Zucker. Gemahlener Piment sorgt zusätzlich für Geschmack.

Orangen-Schokoladen-Kuchen »St. Martha«

325 g Butter, zerlassen, plus etwas für die Form
Tapiokamehl für die Form
4 unbehandelte Orangen
1½ TL Orangenöl
4 Eier
300 g Zucker
1 TL glutenfreies Backpulver
200 g Mandeln, gemahlen
115 g Maisgrieß
60 g Haselnüsse, gemahlen
200 g dunkle Schokolade, gehackt

ORANGENSIRUP
3 EL Zucker

SCHOKOLADENGLASUR
50 g dunkle Schokolade, gehackt
1 TL Olivenöl

Für: 1 runde Springform (24 cm Ø)
Zubereitungszeit: ca. 70 Minuten (plus Zeit zum Auskühlen)
Haltbarkeit: luftdicht verpackt bis zu 7 Tage, gut einzufrieren
Kompost: Eierschalen, Obstabfälle

Ein Teil der gehackten Schokolade sinkt bei diesem Kuchen unweigerlich auf den Boden ab, aber wen stört das schon, bei diesem Geschmack?

Den Backofen auf 180 °C vorheizen. Den Boden der Springform mit Backpapier auslegen. Die Form mit Butter einfetten und mit Tapiokamehl bestäuben.

Die Schalen von allen vier Orangen abreiben, dann drei der Früchte auspressen. Die zerlassene Butter mit dem Orangenabrieb, einem Drittel des Orangensafts und dem Orangenöl verrühren.

Die Eier in eine große Rührschüssel geben. Den Zucker, das Backpulver, die Mandeln, den Maisgrieß, die Haselnüsse und die Butter-Orangen-Mischung hinzufügen und alles mit dem Rührgerät auf höchster Stufe zu einem weichen, glatten Teig verarbeiten. Mit einem Teigspachtel die gehackte Schokolade unterheben.

Den Teig in die Form füllen und im vorgeheizten Backofen 20 Minuten backen, dann mit Backpapier abdecken, damit der Kuchen nicht zu dunkel wird. Weitere 20–25 Minuten backen, bis der Kuchen aufgegangen ist und auf Druck noch leicht nachgibt. Mit einem Holzstäbchen die Garprobe machen – der Kuchen ist fertig, wenn keine Teigreste mehr am Stäbchen kleben bleiben. Wenn sich auf der Oberfläche Risse bilden, ist das kein Grund zur Besorgnis.

Inzwischen für den Orangensirup den restlichen Orangensaft mit dem Zucker unter Rühren erhitzen, bis der Zucker beginnt sich aufzulösen.

Den noch warmen Kuchen mit einem Holzstäbchen oder Zahnstocher gleichmäßig einstechen und den Orangensirup darüber verteilen. Den Kuchen auskühlen lassen, dann aus der Form lösen und das Backpapier abziehen. Zum Dekorieren die Schokolade mit dem Olivenöl im Wasserbad oder in der Mikrowelle unter Rühren behutsam schmelzen. Die flüssige Schokolade mit einem Metalllöffel in beliebigen Mustern über den Kuchen träufeln. Fest werden lassen.

Das gewisse Etwas
Für etwas mehr »Seele« können Sie bei der Herstellung des Orangensirups den Orangensaft auch durch Grand Marnier ersetzen.

Pekannuss-Schokoladen-Kuchen mit Karamell

Für: 1 Kastenform
(25 cm)
Zubereitungszeit:
ca. 75 Minuten
Haltbarkeit: luftdicht
verpackt bis zu 3 Tage,
gut einzufrieren
Kompost: Eierschalen

KARAMELLISIERTE PEKANNÜSSE
100 g Pekannüsse, halbiert
1 EL Muscovado-Zucker (oder ein anderer
    dunkler brauner Zucker)
½ EL Butter
1 TL Salz

Butter, zerlassen, für die Form
Tapiokamehl für die Form
8 Eiweiß
100 g glutenfreie weiche Karamellbonbons,
    geviertelt
150 g dunkle Schokolade, gehackt
100 g Pekannüsse, geröstet und gemahlen
100 g Mandeln, gemahlen
75 g Muscovado-Zucker (oder ein anderer
    dunkler brauner Zucker)
75 g Sorghum-Mehl, 50 g Dulce de leche
1½ TL glutenfreies Backpulver, ½ TL Salz

PEKANNUSSKROKANT
25 g Pekannüsse, geröstet
1 Prise Salz
60 g extrafeiner Zucker

KARAMELLCREME
60 g Dulce de leche
2 EL Crème double

Mit seiner funkelnden Haube aus gehackten, karamellisierten Nüssen sieht dieser Kuchen einfach toll aus. Man kann den Pekannusskrokant auch weglassen oder bereits vorab herstellen. Letzteres gilt auch für die karamellisierten wie auch für die gemahlenen Pekannüsse. Ich bin ganz verrückt nach der Kombination von süßem Karamell mit den leicht gesalzenen Nüssen, aber nach Geschmack lässt sich das Salz natürlich auch reduzieren. Verwenden Sie nach Möglichkeit glutenfreie Karamellbonbons.

Für die karamellisierten Pekannüsse die Nüsse mit dem Zucker, der Butter und dem Salz in einer gusseisernen Pfanne unter ständigem Rühren 5–6 Minuten stark erhitzen, bis der Zucker sich aufgelöst hat. Die Nüsse etwas abkühlen lassen, dann in der Küchenmaschine grob zerkleinern.

Den Backofen auf 180 °C vorheizen. Die Kastenform mit Butter einfetten und mit Tapiokamehl bestauben.

In einer großen Rührschüssel die Eiweiße mit dem Rührgerät steif schlagen. Die karamellisierten Nüsse und die restlichen Teigzutaten zugeben und mit einem Teigspachtel gleichmäßig unterheben. Die Masse in die Form füllen und 30–35 Minuten backen, bis der Kuchen fest ist, auf Druck aber noch leicht nachgibt. Ein paar Minuten auskühlen lassen, dann aus der Form lösen und auf ein Kuchengitter setzen.

Für den Pekannusskrokant die gerösteten Nüsse auf einem mit Backpapier ausgelegten Backblech verteilen und mit dem Salz bestreuen. In einem Topf bei schwacher Hitze und unter ständigem Rühren mit einem Holzlöffel den Zucker erwärmen, bis er sich vollständig aufgelöst und goldgelb gefärbt hat. Vom Herd nehmen und die gerösteten Nüsse damit übergießen. Die Masse etwa 5 Minuten fest werden lassen, dann in Stücke brechen und in der Küchenmaschine zerkleinern.

Für die Karamellcreme alle Zutaten in einem kleinen Topf unter Rühren erhitzen, bis sich Blasen bilden. Die Creme mit einem Löffel auf dem ausgekühlten Kuchen verteilen. Mit dem Pekannusskrokant bestreuen.

Ab in die Tiefkühltruhe!

Krokant und karamellisierte Pekannüsse lassen sich gut im Voraus herstellen und dann einfrieren. Machen Sie von dem Pekannusskrokant also immer gleich die doppelte Portion: In einem Glas mit Schraubverschluss hält er sich ewig und schmeckt super auf Bratäpfeln oder anderen Desserts. Falls der Karamell zusammenklebt, einfach kurz in der Küchenmaschine durchhacken.

Schokoladen-Nuss-Kuchen mit Cranberrys

Für: 2 runde oder herzförmige
Springformen (20 cm Ø)
Zubereitungszeit: ca. 50 Minuten (plus 3 Stunden Kühlzeit)
Haltbarkeit: Biskuit
luftdicht verpackt bis zu
10 Tage, gut einzufrieren
Kompost: Eierschalen

125 g Butter, zerlassen, plus etwas für die
 Form
Tapiokamehl für die Form
2 Eier
185 g Mandeln, gemahlen
185 g Haselnüsse, gemahlen
1 TL glutenfreies Backpulver
1 TL Guakernmehl
150 g Rohrohrzucker
100 g getrocknete Cranberrys
50 g Maisgrieß
1 TL Vanilleextrakt
175 ml Vollmilch
2 EL Weinbrand oder Haselnusssirup
100 g dunkle Schokolade, gehackt
1–2 EL Kakaopulver zum Bestauben

HASELNUSSBUTTER
25 g Haselnüsse, geröstet
100 g Butter, zerlassen
50 g gemahlene Haselnüsse
50 g Rohrohrzucker

SCHOKOLADENGANACHE
250 g Crème double
225 g dunkle Schokolade, gehackt

Bei uns heißt dieser Kuchen »Coppice Cake«, Holzfällerkuchen, zu Ehren des Berufsstands, der unseren schönen, alten Wald instand hält. Er macht sich prima als Alltagskuchen, mausert sich aber mit der Haselnussbutter und der Schokoladenganache, vielleicht dekoriert mit ein paar Röschen, Hagebutten oder anderen Heckenfrüchten, zur beeindruckenden Sonntagstorte.

Den Backofen auf 180 °C vorheizen. Die Böden der Springformen mit Backpapier auslegen. Die Formen mit Butter einfetten und mit Tapiokamehl bestauben.

Die Eier mit den gemahlenen Mandeln und Haselnüssen, dem Backpulver, dem Guakernmehl, dem Zucker, den Cranberrys, dem Maisgrieß und dem Vanilleextrakt in eine große Rührschüssel geben. In einer zweiten Schüssel die zerlassene Butter, die Milch und den Weinbrand kurz verrühren, dann die Mischung zu den restlichen Zutaten geben. Mit dem Rührgerät alles zu einem hellen, weichen Teig verarbeiten. Mit einem Teigspachtel die gehackte Schokolade unterheben.

Den Teig auf die beiden Springformen verteilen und mit dem Teigspachtel glatt streichen. Im vorgeheizten Backofen 20 Minuten backen, dann mit Backpapier abdecken, falls die Oberfläche zu dunkel wird. Weitere 5–8 Minuten backen, bis der Kuchen fest ist, auf Druck aber noch leicht nachgibt. In der Form auf Zimmertemperatur abkühlen lassen, dann 2 Stunden in den Kühlschrank stellen.

Für die Haselnussbutter die gerösteten Haselnüsse hacken und mit einem Holzlöffel mit den anderen Zutaten vermischen. Bis zur weiteren Verwendung kalt stellen (eventuell muss die Butter zum Verstreichen später wieder etwas angewärmt werden).

Die Teigböden aus den Formen lösen und das Backpapier abziehen. Einen der beiden Böden umdrehen und die flache Seite mithilfe einer Palette mit der Haselnussbutter bestreichen. Den zweiten Teigboden darauflegen.

Für die Schokoladenganache die Crème double in einem schweren Topf erhitzen, bis sie Blasen wirft. Vom Herd nehmen und die Schokolade einrühren. So lange mit dem Schneebesen schlagen, bis die Schokolade vollständig geschmolzen ist. Die Masse auf dem Kuchen verteilen und mit einer Palette glatt streichen. Den Kuchen etwa 30 Minuten abkühlen lassen. Anschließend mit Kakaopulver bestauben und dekorieren.

Das gewisse Etwas

Für das Rosendekor die Rosen säubern und die Stiele etwa drei Zentimeter unterhalb der Blüte abschneiden. Zunächst ein Stück angefeuchtete Watte, dann etwas Alufolie um den Stiel wickeln. Die Röschen bis zum Gebrauch im Kühlschrank aufbewahren, dann vorsichtig in den Kuchen drücken.

Holwell Village Hall Scones

Ergibt: 6 große Scones
Zubereitungszeit: ca. 30 Minuten
Haltbarkeit: luftdicht verpackt bis zu 3 Tage, gut einzufrieren
Kompost: Eierschalen

2 Eier
200 g Mandeln, gemahlen
50 g Rohrohrzucker
85 g Sorghum-Mehl, plus etwas zum Bestauben
2 TL glutenfreies Backpulver
½ TL Guakernmehl
1 Prise Salz
2 EL Mandelöl
2 TL Vanilleextrakt
Vollmilch zum Bestreichen
brauner Vanillezucker zum Bestreuen

Benannt ist dieses Gebäck nach unserem Heimatort in Dorset. Diese Scones brauchen ein wenig Liebe. Wenn man sie nicht mit der Hand formt, sondern mit einer Ausstechform, gehen sie nicht so schön auf. Sie schmecken herrlich mit Crème fraîche und einer guten Aprikosenkonfitüre oder mit der typisch englischen Aufstrichvariante »Blitz und Donner« (Clotted Cream und Honig). In jedem Fall genießt man die Scones am besten warm.

Den Backofen auf 180 °C vorheizen. Ein Backblech mit Backpapier auslegen.

Die Eier, die Mandeln, den Zucker, das Sorghum-Mehl, das Backpulver, das Guakernmehl, das Salz, das Mandelöl und den Vanilleextrakt mit dem Rührgerät zu einem homogenen Teig verarbeiten. Er sollte etwas kleben, bei Bedarf also entweder noch drei Esslöffel Sorghum-Mehl oder etwas Mandelöl zugeben.

Hände und Arbeitsfläche mit Sorghum-Mehl bestauben. Den Teig kurz durchkneten und dann in sechs gleich große Portionen teilen. Diese zu Kugeln rollen und dann zu drei bis fünf Zentimeter hohen Teigfladen flach drücken.

Die Scones mit ausreichendem Abstand auf das Backblech legen. Mit Milch bestreichen und mit Vanillezucker bestreuen. Im vorgeheizten Backofen 10 Minuten goldbraun backen.

Das gewisse Etwas
Ergänzen Sie den Teig um 100 Gramm getrocknete Aprikosen.

Muffins

Erdbeermuffins

Ergibt: 10–12 Stück
Zubereitungszeit:
ca. 40 Minuten
Haltbarkeit: noch am
gleichen Tag verzehren
oder (ohne Sahnehaube)
einfrieren
Kompost: Eierschalen,
Obstabfälle

100 g Butter, zerlassen, plus etwas für die
    Form
100 g Zucker
85 g Maisgrieß
75 g Mandeln, gemahlen
50 g Sorghum-Mehl
1½ TL Guakernmehl
1½ TL glutenfreies Backpulver
2 Eier
100 g Crème fraîche
3 EL Vollmilch
1 TL Vanilleextrakt
200 g Erdbeeren, geputzt und in Scheiben
    geschnitten

SAHNEHAUBE
100 g Crème double, steif geschlagen
5–6 Erdbeeren, halbiert
Puderzucker zum Bestauben (nach Belieben)

Diese Muffins sind einfach wunderbar fluffig. Noch warm schmecken sie schon pur himmlisch, aber angereichert mit einem Klecks Clotted Cream oder Mascarpone zergehen sie förmlich auf der Zunge. Wenn die Muffins abgekühlt sind, kann man sie mit einer Sahnehaube und Erdbeeren dekorieren oder kleine »Schmetterlingskuchen« daraus machen (siehe ganz unten).

Den Backofen auf 180 °C vorheizen. Eine Silikon-Muffinform mit zwölf Mulden mit Butter einfetten und auf ein Backblech stellen.

Den Zucker, den Maisgrieß, die Mandeln, das Sorghum-Mehl, das Guakernmehl und das Backpulver mit einer Gabel grob vermischen.

Die zerlassene Butter in eine große Rührschüssel geben. Die Eier, die Crème fraîche, die Milch und den Vanilleextrakt hinzufügen und alles mit dem Rührgerät oder in der Küchenmaschine auf höchster Stufe vermischen.

Die trockenen Zutaten zu den feuchten geben und alles mit einem Teigspachtel grob vermengen. Vorsichtig die Erdbeeren unterheben, dabei die Teigreste von den Schüsselrändern kratzen. Die Erdbeeren beim Untermischen so wenig wie möglich zerdrücken.

Den Teig gleichmäßig auf die Muffinformen verteilen (für größere Muffins nur zehn Mulden befüllen). Mit etwas Pfeffer aus der Mühle bestreuen. Im vorgeheizten Backofen 18–20 Minuten backen, bis die Muffins aufgegangen sind und auf Druck noch leicht nachgeben. Aus der Form lösen und warm genießen oder auf einem Kuchengitter auskühlen lassen und mit der geschlagenen Crème double und den Erdbeeren dekorieren.

Für die Schmetterlingskuchen von jedem Muffin horizontal einen Deckel von etwa zwei bis drei Zentimetern Durchmesser abschneiden und diesen halbieren. Auf jeden Muffin einen Klecks Crème double setzen, dann die Deckelhälften wie Schmetterlingsflügel darauf festdrücken. Mit einer halben Erdbeere dekorieren und nach Belieben mit Puderzucker bestauben.

Das gewisse Etwas
Dieser Teig eignet sich auch sehr gut für andere Silikon-Backformen, etwa in Herzform. Man kann die Erdbeeren für die Dekoration vorab auch in etwas Sekt tränken.

Gestürzte Pfirsichmuffins

laktosefrei
Ergibt: 12 Stück
Zubereitungszeit:
ca. 50 Minuten
Haltbarkeit: luftdicht
verpackt und gekühlt 2 Tage,
gut einzufrieren
Kompost: Eierschalen,
Obstabfälle

PFIRSICHPÜREE

2 große Pfirsiche, entsteint und geachtelt
5 EL flüssiger Honig
Saft von 1 Zitrone

4 EL Mandelöl, plus etwas für die Form
100 g Mandeln, geröstet und gehackt
75 g Mandeln, gemahlen
75 g Maisgrieß
50 g Tapiokamehl
1½ TL glutenfreies Backpulver
1½ TL Guakernmehl
2 Eier
100 ml flüssiger Honig
4 EL Amaretto

BELAG

2 Pfirsiche
2–3 EL Pekannusskrokant (siehe Seite 41)

Diese kleinen Köstlichkeiten mit ihren »Pfirsichpopos« eignen sich auch gut als Dessert für Gäste. Am besten schmecken sie noch warm mit Crème fraîche oder Mascarpone und ein bisschen Honig. Wenn keine Kinder mitessen, kann man den übrig gebliebenen Pfirsichsaft auch mit Mascarpone und Amaretto mischen und die noch warmen Muffins damit beträufeln.

Den Backofen auf 180 °C vorheizen. Für das Pfirsichpüree die Pfirsiche in eine Auflaufform geben, mit dem Honig und dem Zitronensaft beträufeln und 20 Minuten im vorgeheizten Backofen garen. Herausnehmen. Die Garflüssigkeit beiseite stellen (siehe oben). Die Pfirsiche in der Küchenmaschine pürieren. 200 Gramm von dem Püree zur weiteren Verarbeitung abwiegen, den Rest zu einer späteren Verwendung einfrieren.

Eine Silikon-Muffinbackform mit zwölf Mulden mit Mandelöl einfetten und auf ein Backblech stellen. Die gehackten und die gemahlenen Mandeln, den Maisgrieß, das Tapiokamehl, das Backpulver und das Guakernmehl mit einer Gabel vermischen.

Die Eier in eine große Rührschüssel geben. Die abgewogenen 200 Gramm Pfirsichpüree, den Honig, das Mandelöl und den Amaretto hinzufügen und alles mit dem Rührgerät auf höchster Stufe schaumig schlagen.

Die trockenen Zutaten zu den feuchten geben und alles mit einem Teigspachtel gerade eben vermischen. Dabei die Teigreste von den Schüsselrändern schaben. Nicht zu lange rühren!

Für den Belag die Pfirsiche halbieren, entsteinen und dann jede Hälfte in drei bis vier Scheiben schneiden. Die Böden der Muffinmulden bis zu etwa einem Drittel der Höhe mit den Pfirsichscheiben auslegen.

Die Mulden gleichmäßig mit Teig befüllen und die Muffins im vorgeheizten Backofen 18–20 Minuten backen, bis sie aufgegangen sind und auf Druck noch leicht nachgeben.

Auf ein mit Backpapier ausgelegtes Kuchengitter stürzen, sodass die Unterseiten der Muffins nach oben zeigen. Mit Pekannusskrokant bestreuen. Falls nötig, die Pfirsichscheiben mit einer Palette zurechtrücken.

Öfter mal etwas Neues

Anstelle der Pfirsiche können Sie auch Nektarinen oder Pflaumen verwenden.

Apfelmuffins

APFELPÜREE
500 g Äpfel
5 EL flüssiger Honig
Saft von 1 Zitrone
2 TL Zimt
125 g Rohrohrzucker

100 g Rosinen
75 g Maisgrieß
75 g Mandeln, gemahlen
50 g glutenfreies Hafermehl
2 TL Zimt
1½ TL Lebkuchengewürz
1½ TL Guakernmehl
1½ TL glutenfreies Backpulver
1 TL Natron
1 Prise Salz
2 Eier
100 g griechischer Sahnejoghurt
4 EL Vollmilch
3 EL Mandelöl

BELAG
2–3 EL Zimtzucker
2–3 EL Pekannusskrokant (siehe Seite 41)

Ergibt: 12 Stück
Zubereitungszeit:
ca. 60 Minuten
Haltbarkeit: luftdicht
verpackt und gekühlt 2 Tage,
gut einzufrieren
Kompost: Eierschalen,
Obstabfälle

Wie der Dorset-Apfelkuchen auf Seite 26 eignet sich auch dieses Rezept ideal dazu, eine üppige Apfelernte lecker zu verwerten, denn es funktioniert eigentlich mit jeder Apfelsorte. Das Garen der Äpfel vor der Weiterverarbeitung im Teig intensiviert ihr Aroma und ist der Mühe auf jeden Fall wert.

Den Backofen auf 180 °C vorheizen. Eine Muffinform mit zwölf Mulden mit Papierförmchen auslegen.

Für das Apfelpüree die Äpfel schälen, entkernen und in Achtel schneiden. Die Apfelstücke in eine Auflaufform legen. Den Honig, den Zitronensaft und den Zimt darüber verteilen und alles im vorgeheizten Backofen 20 Minuten garen. Herausnehmen und die Äpfel mitsamt der Garflüssigkeit in der Küchenmaschine pürieren. 250 Gramm von dem Püree zur weiteren Verarbeitung im Teig abwiegen, den Rest für den Belag beiseite stellen.

Den Zucker, die Rosinen, den Maisgrieß, die Mandeln, das Hafermehl, den Zimt, das Lebkuchengewürz, das Guakernmehl, das Backpulver, das Natron und das Salz mit einer Gabel vermischen.

Die Eier in eine große Rührschüssel geben. Die abgewogenen 250 Gramm Apfelpüree, den Joghurt, die Milch und das Mandelöl hinzufügen und alles mit dem Rührgerät auf höchster Stufe zu einer glatten Masse verarbeiten.

Die trockenen Zutaten zu den feuchten geben und alles mit einem Teigspachtel gerade eben vermischen. Nicht zu lange rühren! Dabei die Teigreste von den Schüsselrändern kratzen.

Den Teig gleichmäßig auf die Papierförmchen verteilen. Je ½ Teelöffel Apfelpüree und etwas Zimtzucker auf jede Teigportion geben. Im vorgeheizten Backofen 18–20 Minuten backen, bis die Muffins aufgegangen sind und auf Druck noch leicht nachgeben.

Die Muffins sofort aus der Form lösen und auf ein Kuchengitter setzen, damit sie nicht durchweichen. Noch warm mit dem Pekannusskrokant bestreuen.

Resteverwertung leicht gemacht

Übrig gebliebenes Apfelpüree lässt sich gut einfrieren. Mit einem Schuss Calvados verfeinert, kann man daraus eine herrliche Sauce zu diesen Muffins oder einem Stück Dorset-Apfelkuchen zaubern. So werden aus alltäglichen Gebäcken edle Desserts.

Schoko-Himbeer-Muffins

Ergibt: 24 Mini-Muffins
Zubereitungszeit:
ca. 60 Minuten
(plus mind. 1 Stunde
Einweichzeit)
Haltbarkeit: gekühlt bis
zu 2 Tage, gut einzufrieren
Kompost: Eierschalen

BESCHWIPSTE HIMBEEREN
24 frische Himbeeren
3–4 EL Himbeerlikör oder Amaretto

200 g dunkle Schokolade, gehackt
75 g Butter, zerlassen, plus etwas für die Form
75 g Rohrohrzucker
70 g Haselnüsse, gemahlen
60 g Maisgrieß
40 g Sorghum-Mehl
10 g gefriergetrocknete Himbeeren, zerbröselt
1½ EL Kakaopulver
1 TL glutenfreies Backpulver
1 TL Guakernmehl
1 Prise Salz
1 Ei
85 g griechischer Sahnejoghurt
5 EL Orangen- oder Himbeersaft

GLASUR
125 g dunkle Schokolade, gehackt
1 EL Mandelöl
8–24 Himbeeren
1 EL gefriergetrocknete Himbeeren, zerbröselt, zum Dekorieren
6 Rosenknospen zum Dekorieren

Diese Muffins sind wirklich extrem schokoladig. Bei der Glasur sind Ihrer Fantasie keine Grenzen gesetzt. Wir dekorieren sie hier mit einer glänzenden Schicht aus dunkler Schokolade und Himbeerkrümeln, gekrönt von in Schokolade getauchten ganzen Himbeeren und winzigen Rosenknospen.

Für die Beschwipsten Himbeeren die Himbeeren mindestens 1 Stunde, am besten aber über Nacht in dem Likör einlegen. Den Backofen auf 180 °C vorheizen.

125 Gramm von der dunklen Schokolade zusammen mit der zerlassenen Butter im Wasserbad oder in der Mikrowelle unter Rühren zum Schmelzen bringen. Etwas abkühlen lassen.

Eine Silikon-Mini-Muffinform mit 24 Mulden mit Butter einfetten und auf ein Backblech stellen. Die restlichen 75 Gramm Schokolade, den Zucker, die Haselnüsse, den Maisgrieß, das Sorghum-Mehl, die Himbeerbrösel, das Kakaopulver, das Backpulver, das Guakernmehl und das Salz mit einer Gabel vermischen.

Die Eier mit dem Joghurt und dem Orangen- oder Himbeersaft in eine große Rührschüssel geben. Die Schokoladen-Butter-Mischung hinzufügen und alles mit dem Rührgerät auf höchster Stufe zu einer glatten Masse verarbeiten. Die trockenen Zutaten zu den feuchten geben und alles mit einem Teigspachtel gerade eben vermischen. Nicht zu lange rühren! Dabei die Teigreste von den Schüsselrändern kratzen.

Den Teig gleichmäßig auf die Muffinformen verteilen, sie dabei aber nur bis zur Hälfte befüllen. Je eine Beschwipste Himbeere auf jede Teigportion setzen und die Formen mit der restlichen Teigmasse auffüllen. Im vorgeheizten Backofen 15 Minuten backen, bis die Muffins aufgegangen sind und auf Druck noch leicht nachgeben. Aus dem Ofen nehmen und 2–3 Minuten ruhen lassen, dann aus der Form lösen und auf einem Kuchengitter auskühlen lassen.

Für die Glasur die Schokolade mit dem Mandelöl im Wasserbad oder in der Mikrowelle zum Schmelzen bringen. Jeden Muffin mit dem »Kopf« in die Schokolade tauchen. Mit je einer (nach Belieben in Schokolade getauchten) Himbeere bestücken oder auch mit Himbeerbröseln oder Rosenknospen dekorieren.

Für die Kleinen
Für Kinder kann man die Beschwipsten Himbeeren durch Himbeerkonfitüre (ein Viertel Teelöffel pro Muffin) ersetzen.

Guten-Morgen-Bananenmuffins

laktosefrei
Ergibt: 12–14 Stück
Zubereitungszeit:
ca. 45 Minuten
Haltbarkeit: luftdicht
verpackt bis zu 2 Tage,
gut einzufrieren
Kompost: Eier- und
Bananenschalen

Pflanzenöl für die Form
55 g getrocknete Bananenchips
185 g glutenfreies Hafer- oder
   Leinsamenmehl
50 g glutenfreie feine Hafer- oder
   Hirseflocken
100 g Rosinen
70 g Mandeln, geröstet und gehackt
25 g Mandeln, gemahlen
1½ TL Zimt
1½ TL Guakernmehl
1½ TL glutenfreies Backpulver
2 Eiweiß
200 ml Sojamilch
100 ml flüssiger Honig
2 große Bananen

BELAG

2 Bananen
2–3 EL Zimtzucker

Mit diesen kleinen Köstlichkeiten locken Sie morgens selbst eingefleischte Lang-schläfer aus dem Bett! Die Muffins sind ein superleckeres, schnelles und obendrein auch noch gesundes Frühstück. Sie kommen mit wenig Fett und Zucker aus und sind laktose- und natürlich glutenfrei. Sollten Sie statt des glutenfreien Hafermehls Leinsamenmehl verwenden, profitieren Sie zusätzlich von dessen Omega-3-Fettsäuren, die das Herz stärken und die Gehirntätigkeit ankurbeln. Etwas mühsam ist lediglich das Zermahlen der Bananenchips zu »Bananenmehl«. Mit Dörrbananen funktioniert das leider nicht, die sind einfach zu klebrig.

Den Backofen auf 180 °C vorheizen. Eine Silikon-Muffinform mit zwölf Mulden (alternativ 14 Mini-Kastenformen) mit dem Pflanzenöl einfetten und auf ein Back-blech setzen.

Die Bananenchips in der Küchenmaschine fein mahlen. Das Bananenmehl in eine Schüssel geben. Das Hafermehl, die Haferflocken, die Rosinen, die gehackten und die gemahlenen Mandeln, den Zimt, das Guakernmehl und das Backpulver hinzu-fügen und alles mit einer Gabel vermischen.

Die Eiweiße, die Sojamilch und den Honig in einer großen Rührschüssel mit dem Rührgerät auf höchster Stufe zu einer glatten Masse verarbeiten. Die Bananen in etwa zwei Zentimeter dicke Stücke brechen und mithilfe eines Teigspachtels unter die Masse heben.

Die trockenen Zutaten zu den feuchten geben und alles mit einem Teigspachtel gerade eben vermischen. Dabei die Teigreste von den Schüsselrändern kratzen. Nicht zu lange rühren! Die Muffinmulden gleichmäßig bis knapp unter den Rand mit dem Teig befüllen. Für den Belag die Bananen in Scheiben schneiden. Zu jeder Teigportion drei Bananenscheiben geben und diese mit dem Zimtzucker bestreuen.

Im vorgeheizten Backofen 20 Minuten backen, bis die Muffins goldbraun und aufgegangen sind und auf Druck noch leicht nachgeben. Aus dem Ofen nehmen und 2–3 Minuten ruhen lassen, dann vorsichtig aus den Formen lösen und auf einem Kuchengitter auskühlen lassen.

Für unterwegs

Die kleinen Teilchen eignen sich perfekt zum Mitnehmen. Als kleines Mittagessen beugen sie durch ihre langsame Energiefreisetzung dem Leistungstief am Nachmittag vor.

Orangenmarmeladen-Muffins

1 unbehandelte Orange
125 g Rohrohrzucker
100 g Rosinen
85 g Maisgrieß
75 g Mandeln, gemahlen
50 g Pistazienkerne, geröstet und gehackt
50 g Quinoamehl
1½ TL Guakernmehl
1½ TL glutenfreies Backpulver
1 TL Natron
100 g Butter, zerlassen
2 Eier
100 ml Orangensaft
2 EL Orangenmarmelade
2 EL Pistazienkerne, geröstet und gehackt

Bei diesem Rezept ist es wichtig, eine qualitativ hochwertige Marmelade zu verwenden, da sie den Geschmack der Muffins dominiert. Bei uns kommt hier die Mandarinen-Zitronen-Marmelade unserer lieben Freundin Susan zum Einsatz, der amtierenden »Marmeladenkönigin« des Verbands der Britischen Konfitüren- und Chutneyhersteller.

Den Backofen auf 180 °C vorheizen. Eine Muffinform mit zwölf Mulden mit Papierförmchen bestücken.

Die Orange achteln. Die komplette Frucht in der Küchenmaschine pürieren. Beiseite stellen.

Den Zucker, die Rosinen, den Maisgrieß, die Mandeln, die Pistazienkerne, das Quinoamehl, das Guakernmehl, das Backpulver und das Natron mit einer Gabel vermischen.

Die zerlassene Butter, die Eier und den Orangensaft in einer großen Rührschüssel mit dem Rührgerät auf höchster Stufe zu einer glatten Masse vermischen. Das Orangenpüree hinzugeben und mit einem Teigspachtel unter die Masse ziehen.

Die trockenen Zutaten zu den feuchten geben und alles mit einem Teigspachtel gerade eben vermischen. Dabei die Teigreste von den Schüsselrändern schaben. Nicht zu lange rühren! Es macht nichts, wenn hier und da noch trockenes Mehl zu sehen ist.

Die Mulden der Muffinform etwa zur Hälfte mit dem Teig befüllen. Zu jeder Teigportion ½ Teelöffel Marmelade geben. Dann die Mulden mit der restlichen Teigmasse auffüllen und jede Portion mit gehackten Pistazienkernen bestreuen.

Im vorgeheizten Backofen 18–20 Minuten backen, bis die Muffins goldbraun und aufgegangen sind und auf Druck noch leicht nachgeben. Aus dem Ofen nehmen und 2–3 Minuten ruhen lassen, dann vorsichtig aus der Form lösen und auf einem Kuchengitter auskühlen lassen.

Ergibt: 12 Stück
Zubereitungszeit: ca. 45 Minuten
Haltbarkeit: luftdicht verpackt 2–3 Tage, gut einzufrieren
Kompost: Eierschalen

Haselnuss-Cappuccino-Cupcakes

Ergibt: 12 Stück
Zubereitungszeit:
ca. 45 Minuten
Haltbarkeit: luftdicht verpackt
2–3 Tage, gut einzufrieren
Kompost: Eierschalen

100 g Haselnüsse, gemahlen
1 EL hochwertiges Instant-Espressopulver
125 g extrafeiner Zucker
25 g Tapiokamehl
1 TL glutenfreies Backpulver
2 Eier
2 EL Vollmilch
1 EL Haselnusssirup
1 TL Vanilleextrakt
125 g Butter, zerlassen

WEISSE SCHOKOLADENGLASUR
100 g weiße Schokolade, gehackt
1 EL Mandelöl
50 g Puderzucker, gesiebt
1 EL Zimtzucker oder Kakaopulver zum
    Bestauben
12 schokolierte Kaffeebohnen

Diese zauberhaften kleinen Kuchen gehen nicht besonders stark auf, ihre Kappe eignet sich also ideal für eine üppigere Verzierung. Optisch sind die hübschen Cupcakes einer Tasse Cappuccino nachempfunden, inklusive Kakao- oder Zimtstaub. Entsprechend passen sie natürlich perfekt zu einem vormittäglichen Espresso, machen sich aber auch gut auf dem Kuchenbuffet, zum Beispiel zusammen mit den Zuckerjuwelen von Seite 140 oder den Doppelkeksen mit Schokocreme von Seite 126. Laden Sie sich gleich ein paar Freundinnen zum elegant-entspannten Damennachmittag ein.

Den Backofen auf 180 °C vorheizen. Eine Muffinform mit zwölf Mulden mit Papierförmchen bestücken.

Die Haselnüsse, das Instant-Espressopulver, den Zucker, das Tapiokamehl, das Backpulver, die Eier, die Milch, den Haselnusssirup und den Vanilleextrakt in einer großen Rührschüssel mit dem Rührgerät zunächst auf niedrigster Stufe vermengen, dann nach und nach die Rührgeschwindigkeit erhöhen. Die zerlassene Butter dazugeben und alles auf höchster Stufe zu einer dunkelbraunen, relativ flüssigen Masse verrühren.

Die Mulden der Muffinform zu etwa drei Vierteln mit dem Teig befüllen und im vorgeheizten Backofen 18–20 Minuten backen, bis die Muffins auf Druck noch leicht nachgeben. Aus dem Ofen nehmen, vorsichtig aus der Form lösen und auf einem Kuchengitter auskühlen lassen.

Für die Weiße Schokoladenglasur die weiße Schokolade mit dem Mandelöl im Wasserbad oder in der Mikrowelle zum Schmelzen bringen. Achtung: Weiße Schokolade brennt leichter an als dunkle! Den Puderzucker zugeben und alles zu einer streichfähigen Glasur verrühren. Die Glasur mit einem Löffel dick auf die ausgekühlten Muffins streichen. Die Muffins abschließend mit Zimtzucker oder Kakaopulver bestauben und mit je einer schokolierten Kaffeebohne verzieren.

Das gewisse Etwas

Noch üppiger werden diese Cupcakes, wenn man die Förmchen zunächst nur zur Hälfte mit dem Teig füllt und auf jede Portion einen Klecks Haselnussbutter (siehe Seite 42) setzt. Dann mit dem restlichen Teig auffüllen.

Paprika-Muffins

Ergibt: 12 Stück
Zubereitungszeit:
ca. 60 Minuten
Haltbarkeit: luftdicht verpackt
2 Tage, gut einzufrieren
Kompost: Eierschalen,
Gemüseabfälle

GERÖSTETE PAPRIKA

2 rote Paprikaschoten (250 g), Samen und
    Scheidewände entfernt und in Stücke
    geschnitten
1–2 EL Olivenöl
1 TL getrockneter Oregano

250 g Maisgrieß
200 ml Olivenöl, plus etwas für die Form
1½ TL glutenfreies Backpulver
1½ TL Guakernmehl
1 TL getrockneter Oregano
1 TL scharfes Chilipulver
1 TL frisch gemahlener schwarzer Pfeffer
½ TL Salz
getrocknete Chiliflocken (nach Belieben)
2 Eier
200 ml Vollmilch
100 g alter Cheddar, gerieben
75 g Parmesan, gerieben
3 EL gehackte Basilikumblättchen

Bei der Arbeit an diesem Buch waren Charlotte und ich ständig wie die Wilden am Backen. Eines Morgens hatten wir gerade ein paar dieser fröhlich-bunten, herzhaften Muffins aus dem Rohr geholt, als zwei hungrige Lieferanten mit einem neuen Ofen in der Küche standen. Dave und Doug waren begeistert von unserer Kreation und meinten, dazu müsse doch wunderbar eine selbst gemachte Guacamole passen. Stimmt!

Den Backofen auf 180 °C vorheizen. Für die gerösteten Paprika die Paprikastücke in eine Auflaufform geben, das Olivenöl und den Oregano darüber verteilen und alles 20 Minuten im vorgeheizten Ofen rösten. Herausnehmen und 150 Gramm davon für die Verarbeitung im Teig abwiegen. Den Rest zugedeckt beiseite stellen.

Eine Silikon-Muffinform mit zwölf Mulden mit Olivenöl einfetten und auf ein Backblech stellen. Den Maisgrieß, das Backpulver, das Guakernmehl, den Oregano, das Chilipulver, den Pfeffer, das Salz und, nach Belieben, die Chiliflocken mit einer Gabel vermischen.

Die Eier in eine große Rührschüssel geben. Die Milch, das Olivenöl, den Cheddar, 50 Gramm von dem Parmesan und das Basilikum hinzufügen und alles mit dem Rührgerät auf höchster Stufe zu einem groben Teig verarbeiten. Die abgewogenen 150 Gramm geröstete Paprika hinzufügen und mit einem Teigspachtel unter die Masse rühren.

Die trockenen Zutaten zu den feuchten geben und alles mit einem Teigspachtel gerade eben vermischen. Dabei die Teigreste von den Schüsselrändern schaben. Nicht zu lange rühren! Den Teig gleichmäßig auf die Muffinmulden verteilen. Mit den restlichen Paprikastücken belegen und mit dem restlichen Parmesan bestreuen. Zum Schluss nach Geschmack mit Chiliflocken bestreuen.

18 Minuten backen, bis die Muffins aufgegangen sind, auf Druck noch leicht nachgeben und eine schöne goldbraune Farbe haben. Aus dem Ofen nehmen und 2–3 Minuten ruhen lassen, dann vorsichtig aus der Form lösen und auf einem Kuchengitter auskühlen lassen.

Das gewisse Etwas

Man kann die Muffins auch mit Chilikonfitüre füllen. Dazu die Formen zunächst nur zur Hälfte mit Teig füllen und je ½ Teelöffel Konfitüre auf jede Teigportion geben. Dann mit dem restlichen Teig auffüllen und die Muffins wie beschrieben backen.

Blechkuchen

Little Ems Sommerbeerenkuchen

Für: 1 flache, rechteckige
Backform (29 × 23 × 4 cm)
Zubereitungszeit:
ca. 40 Minuten
Haltbarkeit: gekühlt
bis zu 3 Tage,
gut einzufrieren
Kompost: Eierschalen,
Obstabfälle

Dieser Kuchen ist im Handumdrehen fertig. Sie können dazu alle möglichen Beeren verwenden, je nachdem, was gerade Saison hat oder was ihre Tiefkühltruhe so hergibt.

Den Backofen auf 180 °C vorheizen. Den Boden der Backform mit Backpapier auslegen. Die Form großzügig einfetten.

Die zerlassene Butter mit den Eiern, den Eigelben, dem Zucker, den Mandeln, dem Maisgrieß, dem Tapiokamehl, dem Backpulver, dem Guakernmehl, dem Vanilleextrakt, dem Salz und dem Zitronenabrieb in einer großen Rührschüssel mit dem Rührgerät zu einer glatten Masse verarbeiten. Die Beeren unterziehen.

Den Teig gleichmäßig in der Form verteilen und mit einem Spachtel glatt streichen. Im vorgeheizten Backofen 22 Minuten backen, bis der Kuchen auf Druck noch leicht nachgibt. Herausnehmen und etwas abkühlen lassen.

Inzwischen für die Glasur den Zucker mit dem Zitronensaft bei schwacher Hitze und unter ständigem Rühren erhitzen, bis sich der Zucker aufgelöst hat. Den Würfelzucker grob zerbröseln und zu der Zuckermasse geben.

Den noch warmen Kuchen gleichmäßig mit einem Holzstäbchen oder Zahnstocher einstechen und die Glasur auf der Oberfläche verteilen. Der Zuckerguss sickert in den Kuchen ein, während die Zuckerstückchen darauf liegen bleiben. Den Kuchen vollständig auskühlen lassen, dann aus der Form lösen und in 15 Quadrate schneiden.

250 g Butter, zerlassen, plus etwas für die Form
4 Eier
2 Eigelb
185 g Rohrohrzucker
100 g Mandeln, gemahlen
100 g Maisgrieß
75 g Tapiokamehl
1½ TL glutenfreies Backpulver
1½ TL Guakernmehl
1 TL Vanilleextrakt
½ TL Salz
Abrieb von 2 unbehandelten Zitronen
225 g gemischte Beeren (zum Beispiel Johannisbeeren, Schwarze Johannisbeeren, Brombeeren, Himbeeren)

GLASUR
50 g extrafeiner Zucker
100 ml Zitronensaft
6 Stück Würfelzucker

Ab in die Tiefkühltruhe!
Man kann diesen Kuchen auch sehr gut mit tiefgefrorenem Obst zubereiten. Aber lassen Sie es erst vollständig auftauen, sonst wird der Teig zu kalt und lässt sich nur schwer verarbeiten.

Feigen-Honig-Kuchen

100 g weiche Butter, plus etwas für die Form

Tapiokamehl für die Form

4 Eier

150 g flüssiger Honig, plus 3 EL zum
 Beträufeln

100 g griechischer Joghurt oder Crème
 fraîche

100 ml Vollmilch

1 TL Vanilleextrakt

200 g getrocknete Feigen, gehackt

100 g Pistazienkerne, geröstet und gehackt

85 g Mandeln, gemahlen

70 g Maisgrieß

50 g Leinsamenmehl

1½ TL Guakernmehl

1½ TL glutenfreies Backpulver

8 frische Feigen

Dieser Kuchen geht schnell und unkompliziert und eignet sich perfekt zur Selbstbedienung in einer großen Runde. Das Leinsamenmehl gibt ihm zwar eine nussig-süße, aber keinesfalls zu »vollwertige« Note.

Den Backofen auf 180 °C vorheizen. Die Backform großzügig mit Butter einfetten und mit Tapiokamehl bestauben.

Die weiche Butter mit den Eiern, dem Honig, dem Joghurt, der Milch und dem Vanilleextrakt in einer großen Rührschüssel mit dem Rührgerät zu einer glatten Masse verarbeiten.

In einer zweiten großen Schüssel die getrockneten Feigen, die Pistazien, die Mandeln, den Maisgrieß, das Leinsamenmehl, das Guakernmehl und das Backpulver mit einer Gabel vermischen. Die Eimischung dazugeben und alles mit einem Teigspachtel vermischen.

Den Teig in der Form verteilen. Die Oberfläche muss dabei nicht ganz glatt sein. Die frischen Feigen halbieren und mit der Schnittfläche nach oben auf den Teig setzen (pro Kuchenstück etwa eine halbe Feige). Den Kuchen im vorgeheizten Backofen 20–22 Minuten backen, bis er eine goldgelbe Farbe hat und auf Druck noch leicht nachgibt.

Den noch warmen Kuchen auf der Oberseite gleichmäßig mit einem Holzstäbchen oder Zahnstocher einstechen und gleichmäßig mit dem flüssigen Honig beträufeln (diesen bei Bedarf vorher in der Mikrowelle erwärmen). In 15 Quadrate schneiden.

Für: 1 flache, rechteckige Backform
(29 × 23 × 4 cm)
Zubereitungszeit:
ca. 45 Minuten
Haltbarkeit:
gut einzufrieren
Kompost: Eierschalen

Da geht noch mehr!

Der Kuchen schmeckt auch ganz wunderbar als Dessert, serviert mit leicht erwärmtem Honig und einer Kugel Pistazieneis.

Gays Orangenkuchen

laktosefrei
Für: 1 flache, rechteckige
Backform (29 × 23 × 4 cm)
Zubereitungszeit:
ca. 2 ½ Stunden
Haltbarkeit: luftdicht in
Frischhaltefolie verpackt bis
zu 3 Tage, gut einzufrieren
Kompost: Eierschalen

2 unbehandelte Orangen
zerlassene laktosefreie Butter für die Form
6 Eier
250 g Mandeln, gemahlen
250 Zucker
1 TL glutenfreies Backpulver

ORANGENKARAMELL
8 EL Zucker
2 TL Orangenöl

Dieser Kuchen ist eine Kreation unserer lieben Freundin Gay, die vor ihrer Pensionierung viele Jahre für uns gearbeitet hat. Er hat alles, was einen wirklich guten Kuchen ausmacht: Aus ein paar schlichten, reinen Zutaten entsteht Mal um Mal eine echte Köstlichkeit.

Die Orangen waschen und in einem Topf mit reichlich kochendem Wasser etwa 1½ Stunden sehr weich kochen. Anschließend mit dem Schaumlöffel herausnehmen, abkühlen lassen und in der Küchenmaschine pürieren.

Den Backofen auf 180 °C vorheizen. Den Boden der Backform mit Backpapier auslegen und die Form großzügig mit Butter einfetten.

Die Eier in einer großen Rührschüssel mit dem Rührgerät steif schlagen. Behutsam die Mandeln, den Zucker, das Backpulver und das Orangenpüree unterheben.

Den Teig in der Form verteilen und mit einem Teigspachtel glatt streichen. Den Kuchen im vorgeheizten Backofen 20 Minuten backen, dann, falls nötig, die Form drehen, um ein gleichmäßiges Backergebnis zu erzielen. Weitere 10 Minuten backen, bis der Kuchen auf Druck noch leicht nachgibt. Vollständig auskühlen lassen, dann aus der Form lösen, auf ein Kuchengitter stürzen und das Backpapier abziehen.

Für den Orangenkaramell den Zucker in einen Topf geben und bei schwacher Hitze unter ständigem Rühren auflösen und leicht anbräunen. Er darf auf keinen Fall anbrennen! Vorsichtig das Orangenöl hinzufügen. Es ist völlig normal, dass der Zucker dabei etwas zischt und dass Rauch entsteht. Vom Herd nehmen. Mit einem Metalllöffel den flüssigen Zucker auf dem Kuchen verteilen, dabei zügig arbeiten, da der Zucker schnell fest wird. In 15 Quadrate schneiden.

Da geht noch mehr!
Leicht erwärmt und mit etwas Crème fraîche und einem Klecks warmer Orangenmarmelade oder echt englischem Lemon Curd wird der Kuchen zum originellen Dessert.

Mandel-Kirsch-Schnitten

Für: 1 flache, rechteckige Backform (29 × 23 × 4 cm)
Zubereitungszeit: ca. 75 Minuten (plus Zeit zum Auskühlen)
Haltbarkeit: luftdicht verpackt 3 Tage, gut einzufrieren
Kompost: Eierschalen, Obstabfälle

1 Portion Maisgrieß-Shortbread (siehe Seite 83)
2 EL Kirschkonfitüre
125 g Beschwipste Kirschen (siehe Seite 84), entsteint
55 g Mandeln, geröstet und grob gehackt
70 g getrocknete Sauerkirschen

FRANGIPANE (MANDEL-KIRSCH-MUS)
3 Eier
175 g Vanillezucker (siehe Seite 11)
140 g Mandeln, gemahlen
1½ TL Mandelextrakt
100 g Leinsamenmehl
140 g getrocknete Sauerkirschen
175 g Butter, zerlassen

Hier kommt unsere Variante des in England sehr beliebten Bakewell-Kuchens. Anstelle von Mürbeteig verwenden wir unser Maisgrieß-Shortbread, voll beladen mit Mandeln, als Boden. Durch die Füllung mit den Beschwipsten Kirschen ist das Gebäck nur etwas für die Großen, der Belag besteht aus einer einfachen Frangipane mit Kirschen.

Den Backofen auf 180 °C vorheizen. In der Backform das Maisgrieß-Shortbread backen, wie auf Seite 83 beschrieben. In der Form vollständig auskühlen lassen.

Für die Frangipane die Eier, den Zucker, die Mandeln, den Mandelextrakt, das Leinsamenmehl, die getrockneten Sauerkirschen und die zerlassene Butter in einer großen Rührschüssel mit dem Rührgerät zunächst auf niedrigster, dann auf höchster Stufe zu einer lockeren, cremigen Masse verarbeiten, aber nicht zu stark schlagen.

Das in der Form ausgekühlte Shortbread gleichmäßig mit der Kirschkonfitüre bestreichen und die Beschwipsten Kirschen darauf verteilen.

Die Frangipane-Masse so vorsichtig darauf verstreichen, dass sich die Schichten nicht vermischen.

Die gehackten Mandeln und die getrockneten Kirschen darüber verteilen und mit den Händen leicht in die Mandelmasse drücken. Den Kuchen im vorgeheizten Backofen 35 Minuten goldbraun und knusprig backen. Vollständig auskühlen lassen, dann aus der Form lösen und in 15 Quadrate schneiden.

Für die Kleinen
Für die ganze Familie kann man die Beschwipsten Kirschen auch problemlos durch Sauerkirschen ersetzen.

Tipp
Für diesen Kuchen müssen die Beschwipsten Kirschen nicht die im Rezept angegebenen zwei bis drei Monate durchziehen. Eine Woche reicht vollkommen aus.

Paradiesapfel-Shortbread

Für: 1 flache, rechteckige Backform (29 × 23 × 4 cm)
Zubereitungszeit: ca. 75 Minuten
Haltbarkeit: gekühlt 2–3 Tage, gut einzufrieren
Kompost: Eierschalen, Obstabfälle

1 Portion Shortbread mit Maisstärke
(siehe Seite 82)

APFELKOMPOTT
300 g Äpfel
2 EL Apfelweinbrand oder Calvados
1 EL Rohrohrzucker
4 EL hochwertiges Apfelmus
50 g Rosinen
1 TL Zimt
Abrieb von 1 unbehandelten Zitrone

STREUSEL
100 g kalte Butter, gewürfelt
140 g Zucker
140 g glutenfreies Hafermehl
100 g glutenfreie Haferflocken

GLASUR
15 g Butter, zerlassen
1 Ei
60 g Rohrohrzucker
25 g heller Zuckerrübensirup

Ich habe viele schöne Erinnerungen an die Abende am Lagerfeuer in meiner Kindheit, und besonders gut ist mir das Essen bei diesen Festen im Gedächtnis geblieben: Folienkartoffeln mit Butter und Käse und selbst gemachte kandierte Paradiesäpfel. Den Geschmack dieser Äpfel wollte ich unbedingt in einem Kuchen unterbringen, was gar nicht so einfach war. Das Ergebnis schmeckt prima nachmittags zum Tee oder Kaffee, eignet sich leicht erwärmt mit einem Klecks Crème fraîche und einem Schuss Apfelweinbrand oder Calvados, aber auch als Dessert für Gäste.

Den Backofen auf 180 °C vorheizen. In der Backform das Shortbread mit Maisstärke backen, wie auf Seite 82 beschrieben. In der Form vollständig abkühlen lassen.

Inzwischen für die das Apfelkompott die Äpfel entkernen und in Würfel von etwa einem Zentimeter Seitenlänge schneiden. In einer Auflaufform mit dem Apfelweinbrand und dem Zucker vermengen und alles etwa 15 Minuten im vorgeheizten Backofen garen. Nach der Hälfte der Kochzeit einmal kräftig umrühren. Herausnehmen und abkühlen lassen.

Das Apfelmus, die Rosinen, den Zimt und den Zitronenabrieb in einer Schüssel mit dem abgekühlten Apfelkompott vermischen. Beiseite stellen.

Für die Streusel die Butter, den Zucker, das Hafermehl und die Haferflocken zwischen den Fingerspitzen miteinander verreiben. Dann mit dem Rührgerät auf niedriger Stufe zu einer krümeligen Masse verarbeiten.

Für die Glasur die zerlassene Butter, das Ei, den Zucker und den Zuckerrübensirup mit einem Schneebesen kräftig verquirlen.

Das Apfelkompott mithilfe einer Palette sorgfältig auf dem abgekühlten Shortbread-Boden verteilen und leicht andrücken. Die Streusel darüber verteilen und leicht andrücken. Alles mit der Glasur beträufeln. Im vorgeheizten Backofen 35 Minuten goldbraun backen. Zur Kontrolle der Seiten den Teig mit der Palette etwas vom Rand wegschieben. In 15 Quadrate schneiden. Schmeckt warm oder kalt.

Für die Kleinen
Statt Apfelweinbrand oder Calvados können Sie auch Apfelsaft verwenden.

… 71

Aprikosen-Ingwer-Schnitten

Butter, zerlassen, für die Form
350 g getrocknete Aprikosen, gehackt
115 g Zucker
50 g eingelegte Ingwerstäbchen
 (Abtropfgewicht)

STREUSEL
100 g kalte Butter, gewürfelt
150 g Rohrohrzucker, plus 1 EL zum
 Bestreuen
150 g Mandeln, geröstet und gehackt
140 g Maisgrieß
115 g glutenfreie Haferflocken
70 g Mandeln, gemahlen
3 TL gemahlener Ingwer

Diese fruchtigen Schnitten schmecken einfach göttlich. Üblicherweise passiert damit Folgendes: Wir backen den Kuchen, holen ihn aus dem Ofen, stellen ihn auf die Ladentheke. Dann erzählen uns alle möglichen Leute, dass sie eigentlich gar keinen Ingwer mögen … und kurze Zeit später ist der Kuchen weg. Unglaublich. In Stücke geschnitten und in Alufolie verpackt (damit die Streusel nicht verloren gehen), eignet sich der Kuchen auch ideal zum Mitnehmen.

Den Backofen auf 180 °C vorheizen. Den Boden der Backform mit Backpapier auslegen, dann die Form großzügig mit Butter einfetten.

Die Aprikosen und den Zucker mit 100 Millilitern Wasser bei schwacher bis mittlerer Hitze und unter ständigem Rühren 8–10 Minuten zu einer dickflüssigen, marmeladenartigen Masse einkochen lassen. Die Ingwerstäbchen in der Küchenmaschine pürieren. Mit dem Aprikosenkompott vermischen und die Masse beiseite stellen.

Die Zutaten für die Streusel in einer großen Rührschüssel zwischen den Fingerspitzen miteinander verreiben. Dann mit dem Rührgerät auf niedriger Stufe zu einer krümeligen Masse verarbeiten.

Die Hälfte der Streuselmasse in die Backform geben und mit einem Löffel kräftig andrücken, sodass ein fester Boden entsteht. Das Aprikosen-Ingwer-Kompott darauf verteilen, ohne den Streuselboden weiter zu verdichten.

Die restlichen Streusel und einen Esslöffel Rohrohrzucker auf dem Belag verteilen. Im vorgeheizten Backofen 35–40 Minuten backen, bis die Streusel goldbraun sind. Zur Kontrolle der Seiten den Teig mit der Palette etwas vom Rand wegdrücken. In 15 Quadrate schneiden.

Für: 1 flache, rechteckige
Backform (29 × 23 × 4 cm)
Zubereitungszeit:
ca. 70 Minuten
Haltbarkeit: luftdicht verpackt
5 Tage, gut einzufrieren
Kompost: Eierschalen

Da geht noch mehr!
In Kombination mit selbst gemachtem Vanillepudding (siehe Seite 147) wird aus der Flüssigkeit, in die der Ingwer eingelegt war, ein köstliches Dessert.

Verschneite Hügel (Ingwer-Zitronen-Schnitten)

1 Portion Maisgrieß-Shortbread (siehe
   Seite 83), zubereitet mit 1 EL gemahlenem
   Ingwer
Abrieb von 2 unbehandelten Zitronen
1 EL Zitronensaft
2 TL Zitronenöl
140 g Butter, zerlassen
2 Eier
125 g Mandeln, gemahlen
140 g brauner Vanillezucker (siehe Seite 11)
1 TL glutenfreies Backpulver
85 g Maisgrieß
4 EL hochwertiger Lemon Curd
Rohrohrzucker zum Bestreuen

Beim Aufschreiben dieser Rezepte fällt mir auf, wie viele unserer Gebäcke von Eindrücken inspiriert sind, die wir bei Spaziergängen in der Umgebung gesammelt haben … Bei diesem Rezept muss das Backpulver unbedingt zwischen die anderen trockenen Zutaten gemischt werden, damit es nicht mit dem Zitronensaft reagiert und der Teig sich nicht mehr verbindet.

Den Backofen auf 180 °C vorheizen. In der Backform das Maisgrieß-Shortbread unter Zugabe des gemahlenen Ingwers backen, wie auf Seite 83 beschrieben. In der Form vollständig abkühlen lassen.

Den Zitronenabrieb, den Zitronensaft und das Zitronenöl mit der zerlassenen Butter verrühren.

Die Eier, die Mandeln, den Zucker, das Backpulver, den Maisgrieß und einen Esslöffel Lemon Curd in einer großen Schüssel vermischen. Die Zitronen-Butter-Mischung zugeben. Alles mit dem Rührgerät auf höchster Stufe zu einem glatten Teig verarbeiten.

Den abgekühlten Shortbread-Boden gleichmäßig mit den restlichen drei Esslöffeln Lemon Curd bestreichen. Die Teigmasse darauf verteilen, dabei Teig und Curd nicht vermischen. Den Kuchen im vorgeheizten Backofen 25 Minuten goldbraun backen. Auf Druck sollte er noch leicht nachgeben.

Den Kuchen vollständig auskühlen lassen, dann mit dem Rohrohrzucker bestreuen, aus der Form lösen und in 15 Quadrate schneiden.

Für: 1 flache, rechteckige
Backform (29 × 23 × 4 cm)
Zubereitungszeit:
ca. 65 Minuten
(plus Zeit zum Auskühlen)
Haltbarkeit: luftdicht verpackt
bis zu 5 Tage, gut einzufrieren
Kompost: Eierschalen,
Obstabfälle

Da geht noch mehr!
Von einer ganz anderen Seite zeigt sich der Kuchen warm mit einer Kugel Eis serviert.

Mega-Mandelkuchen

Für: 1 flache, rechteckige Backform (29 × 23 × 4 cm)
Zubereitungszeit: ca. 50 Minuten
Haltbarkeit: luftdicht verpackt 5 Tage, gut einzufrieren
Kompost: Eierschalen

- 250 g Butter, zerlassen, plus etwas für die Form
- 400 g Marzipanrohmasse
- 4 Eier
- 350 g Mandeln, gemahlen
- 225 g Zucker
- 4 TL Mandelextrakt
- 50 g Mandeln, grob gehackt

Mandelfans kommen bei diesem Kuchen voll auf ihre Kosten, aber er schmeckt auch mit gemahlenen Pistazienkernen. Am besten schneidet man ihn in sehr kleine Stücke und trinkt dazu einen Espresso, um die Süße auszugleichen.

Den Backofen auf 180 °C vorheizen. Den Boden der Backform mit Backpapier auslegen und die Form großzügig einfetten.

Die Marzipanmasse weich kneten und zwischen zwei Lagen Backpapier auf die Größe der Backform ausrollen. Beiseite stellen.

Die Eier, die gemahlenen Mandeln, den Zucker, den Mandelextrakt und zum Schluss die zerlassene Butter in einer großen Schüssel mit dem Rührgerät auf höchster Stufe zu einem weichen, glatten Teig verarbeiten.

Die Hälfte der Masse in der Form verteilen und mit einer Palette glatt streichen. Vorsichtig das ausgerollte Marzipan darauf legen. Den restlichen Teig darauf verteilen und glatt streichen, dabei das Marzipan vollständig bedecken. Die Teigschicht mit den gehackten Mandeln bestreuen.

Den Kuchen im vorgeheizten Backofen 30–32 Minuten goldgelb backen. Zur Kontrolle der Seiten den Teig mit der Palette ein wenig vom Rand wegziehen. In 30 kleine Quadrate schneiden. Schmeckt warm oder kalt.

Das gewisse Etwas
Etwas Orangenabrieb im Teig verleiht dem Kuchen eine frische Zitrusnote.

Papa Haydns Pekannuss-Pie

1 Portion Shortbread mit Maisstärke
(siehe Seite 82)
25 g Butter, zerlassen
25 g heller Zuckerrübensirup
150 g Rohrohrzucker
Abrieb von 1 unbehandelten Zitrone
3 Eier
225 g Pekannusshälften, geröstet

Vorbild für diesen Kuchen ist die köstliche Pie, die meine amerikanische Cousine Diana uns immer zu Thanksgiving auftischte. Ihre unglaublich leckere Version wurde mit Bourbon und Weizenmehl gemacht, aber auch diese gluten- und alkoholfreie Variante ist, wie wir finden, einfach zum Verlieben.

Den Backofen auf 180 °C vorheizen. In der Backform das Shortbread mit Maisstärke backen, wie auf Seite 82 beschrieben. In der Form vollständig abkühlen lassen.

Die zerlassene Butter, den Zucker, den Zuckerrübensirup, den Zitronenabrieb und die Eier in einer großen Rührschüssel sorgfältig mit dem Schneebesen verquirlen. Beiseite stellen.

Die Pekannüsse gleichmäßig auf dem abgekühlten Shortbread-Boden verteilen und vorsichtig mit der Buttermasse übergießen.

Im vorgeheizten Backofen 20 Minuten backen, dann mit Backpapier abdecken, damit die Ränder nicht zu dunkel werden. Weitere 10–15 Minuten backen, bis die Buttermasse fest geworden ist. In der Form auskühlen lassen.

Für: 1 flache, rechteckige Backform (29 × 23 × 4 cm)
Zubereitungszeit: ca. 65 Minuten
Haltbarkeit: luftdicht verpackt bis zu 5 Tage
Kompost: Eierschalen

Da geht noch mehr!
Sehr gut schmeckt die Pie auch warm mit einer Kugel Eis serviert als Dessert.

Milliardärs-Shortbread

Für: 1 flache, rechteckige Backform (29 × 23 × 4 cm)
Zubereitungszeit: ca. 35 Minuten (plus Kühlzeit)
Haltbarkeit: luftdicht verpackt 7 Tage, gut einzufrieren
Kompost: Eierschalen

1 Portion Maisgrieß-Shortbread (siehe Seite 83)
300 g Dulce de leche
250 g dunkle Schokolade, grob gehackt
40 g Butter
Kakaopulver zum Bestauben

»Millionaire's shortbread« ist ein Klassiker der britischen Bäckerei. Ihr Aufstieg in die Milliardärsklasse gelingt dieser ganz besonderen Variante durch eine Extraportion Schokostückchen und eine glänzende, dunkle Schokoladenoberfläche.

Den Backofen auf 180 °C vorheizen. In der Backform das Maisgrieß-Shortbread backen, wie auf Seite 83 beschrieben. In der Form vollständig abkühlen lassen.

Den abgekühlten Shortbread-Boden gleichmäßig mit dem Dulce de leche bestreichen, dabei die Ränder nicht vergessen. Etwa 55 Gramm der gehackten Schokolade darüber verteilen und leicht andrücken.

Die restliche Schokolade zusammen mit der Butter im Wasserbad oder in der Mikrowelle schmelzen und glatt rühren. Die geschmolzene Schokolade durch Schwenken der Backform gleichmäßig auf der Dulce-de-leche-Schicht verteilen. Abkühlen lassen, dann mit etwas Kakaopulver bestauben. Im Kühlschrank erkalten lassen. In 15 Quadrate schneiden.

Zum Geburtstag
Dekorativ gestapelt und mit goldenen Schokotalern verziert, verwandeln sich die Teilchen in einen aparten Geburtstagskuchen. Vielleicht klappt es ja im nächsten Jahr mit der Million?

Congo Bars

Für: 1 flache, rechteckige
Backform (29 × 23 × 4 cm)
Zubereitungszeit:
ca. 45 Minuten (plus Kühlzeit)
Haltbarkeit: luftdicht
verpackt 7 Tage
Kompost: Eierschalen

1 Portion Maisgrieß-Shortbread
   (siehe Seite 83)
300 g Dulce de leche
200 g Pekannusshälften, geröstet und
   abgekühlt
25 g Kokoschips, geröstet und abgekühlt
100 g Vollmilch-Schokoladentropfen
Kakaopulver zum Bestauben

Dieses nussig-schokoladige Shortbread ist ein echter Verkaufsschlager bei Honeybuns. Das etwas mühsame Rösten der Pekannüsse und Kokoschips lohnt sich auf jeden Fall, weil der Kuchen dadurch eine herrlich rauchige Note bekommt.

Den Backofen auf 180 °C vorheizen. In der Backform das Maisgrieß-Shortbread backen, wie auf Seite 83 beschrieben. In der Form vollständig abkühlen lassen.

Den abgekühlten Shortbread-Boden vollständig und gleichmäßig mit dem Dulce de leche bestreichen. Die gerösteten Pekannüsse und Kokoschips darauf verteilen, Letztere etwas andrücken. Die Schokoladentropfen gleichmäßig darüber verstreuen.

Den Kuchen 1–2 Minuten im vorgeheizten Ofen erwärmen, bis die Schokolade leicht anschmilzt. Sie sollte nur ein wenig weich werden.

Den Kuchen aus dem Ofen nehmen und abkühlen lassen. Wenn die Schokotropfen beinahe wieder fest sind, aber noch etwas kleben, die Oberseite des Kuchens leicht mit Kakaopulver überstauben. Im Kühlschrank vollständig erkalten lassen, dann in 15 Stücke schneiden.

Variation für den »Herrn«
Für den etwas herberen Geschmack kann man statt der Vollmilchschokolade auch weniger süße dunkle Schokolade verwenden.

Shortbread mit Maisstärke (als Boden)

200 g kalte Butter, gewürfelt, plus etwas für die Form
90 g Puderzucker
90 g Maisstärke
90 g braunes Reismehl
60 g Mandeln, gemahlen
25 g Sorghum-Mehl
Tapiokamehl zum Bestauben

Den Backofen auf 180 °C vorheizen. Eine flache, rechteckige Backform (29 × 23 × 4 Zentimeter) großzügig mit Butter einfetten.

Die Butter, den Puderzucker, die Maisstärke, das Reismehl, die Mandeln und das Sorghum-Mehl mit dem Rührgerät zu einem weichen, leicht klebrigen Teig verarbeiten.

Zwei Lagen Backpapier auf die Größe der Backform zurechtschneiden. Hände, Arbeitsfläche und Teigrolle großzügig mit Tapiokamehl bestauben und den Teig zwischen den beiden Backpapierlagen auf Größe der Backform ausrollen. Die obere Lage Papier abziehen und Teig mitsamt der zweiten Backpapierlage in die Form legen.

Den Teig im vorgeheizten Backofen 15 Minuten goldgelb und fest backen. In der Form vollständig auskühlen lassen.

Ab in die Tiefkühltruhe!
Bereiten Sie gleich 2–3 Böden zu und frieren Sie sie ein, egal ob als Rohteig oder bereits gebacken.

Shortbread mit Maisgrieß (als Boden)

125 g weiche Butter, gewürfelt, plus etwas
  für die Form
140 g Maisgrieß
125 g brauner Vanillezucker (siehe Seite 11)
70 g Haselnüsse, gemahlen
100 g Mandeln, gemahlen
40 g Mandeln, geröstet und gehackt
1 Ei

Den Backofen auf 180 °C vorheizen. Den Boden einer flachen, rechteckigen Backform (29 × 23 × 4 Zentimeter) mit Backpapier auslegen und großzügig mit der zerlassenen Butter einfetten.

Die Butter, den Maisgrieß, den Zucker, die Haselnüsse, die gemahlenen und die gehackten Mandeln sowie das Ei in einer großen Rührschüssel mit dem Rührgerät oder in der Küchenmaschine zu einem weichen, aber recht körnigen Teig verarbeiten.

Den Teig mit den Händen in die Backform drücken und mit der Rückseite eines großen Löffels gleichmäßig verteilen.

Den Teig im vorgeheizten Backofen 20 Minuten goldgelb und fest backen. In der Form vollständig auskühlen lassen.

Ab in die Tiefkühltruhe!

Sowohl der Teig als auch die fertigen Shortbread-Böden lassen sich gut einfrieren, also bereiten Sie am besten gleich die zwei- bis dreifache Menge vor.

Beschwipste Kirschen

450 g Kirschen ohne Stiel

225 g Zucker

200 ml hochwertiger französischer
  Weinbrand oder Kirschwasser

Diese Kirschen werden bei der Zubereitung der Kirsch-Mandel-Schnitten auf Seite 68, unserer alkoholischen Variante der Bakewell-Torte, verwendet. Man kann sie aber auch »unverfälscht« mit Vanilleeis genießen. Die hier angegebene Menge Kirschen passt in ein 500-Milliliter-Einmachglas.

Den Backofen auf 200 °C vorheizen. Ein Einmach- oder Schraubglas mit 500 Millilitern Fassungsvermögen sterilisieren. Dazu das Glas mit heißem Wasser und Spülmittel auswaschen, dann unter fließendem heißem Wasser ausspülen und trocknen lassen. Sämtliche Gummiringe 5 Minuten in kochendem Wasser abkochen, dann auf Küchenpapier trocknen lassen.

Das gespülte Glas auf ein sauberes Backblech stellen und 10 Minuten im vorgeheizten Ofen erhitzen. Herausnehmen und abkühlen lassen.

Die entstielten Kirschen und den Zucker abwechselnd in das Glas schichten. Das Glas bis zum Rand mit Kirschen befüllen, die letzte Zuckerschicht aber bereits nach etwa drei Vierteln der Füllhöhe zugeben. Mit dem Weinbrand oder Kirschwasser aufgießen.

Das Glas mit dem Gummiring versiegeln und fest verschließen. Kühl und dunkel lagern. Nach 2–3 Monaten sind die Kirschen bereit zum Verzehr.

Mandelkrokant

55 g Mandeln, grob gehackt
90 g Zucker

Ein Backblech mit Backpapier auslegen. Die Mandeln und den Zucker in einem kleinen Topf bei schwacher Hitze und unter ständigem Rühren erhitzen, bis sich der Zucker aufgelöst und goldbraun verfärbt hat und die Mandelstücke vollständig umhüllt sind. Der Zucker kann dabei sehr heiß werden.

Die Masse auf das Backblech gießen und fest werden lassen. Vollständig auskühlen lassen.

Den Krokant grob in Stücke brechen und in der Küchenmaschine bis zur gewünschten Größe zerkleinern.

Brownies & andere Schokoladenträume

Heathcliff-Brownies

Für: 1 flache, rechteckige Backform (29 × 23 × 4 cm)
Zubereitungszeit: ca. 55 Minuten (plus Kühlzeit)
Haltbarkeit: luftdicht verpackt bis zu 10 Tage, gut einzufrieren
Kompost: Eierschalen

Wie Heathcliff, der romantische Held aus Emily Brontës »Sturmhöhe«, sind auch diese Brownies dunkel und geheimnisvoll. Sie haben ein feines Orangenaroma und sind nur leicht süß, dafür aber sehr saftig und geschmacksintensiv. Am besten schmecken sie leicht gekühlt. Warm mit etwas Clotted Cream oder Mascarpone und/oder einer Kugel Eis serviert, werden sie zum sündigen Dessert.

Den Backofen auf 180 °C vorheizen. Den Boden der Backform mit Backpapier auslegen und die Form großzügig mit Butter einfetten.

Die Butter mit 200 Gramm der dunklen Schokolade im Wasserbad oder in der Mikrowelle unter Rühren schmelzen. Den Espresso zugeben. Die Mischung leicht abkühlen lassen, dann den Orangenabrieb und das Orangenöl unterrühren.

Die Eier in eine große Rührschüssel geben und die gemahlenen Mandeln, die gehackte Vollmilchschokolade und die restlichen 200 Gramm der dunklen Schokolade, den Zucker, die gehackten Mandeln, das Salz und den Vanilleextrakt hinzufügen. Zum Schluss die Butter-Schokoladen-Masse dazugeben und alles mit dem Rührgerät auf mittlerer Stufe zu einem glatten Teig verarbeiten. Nicht zu kräftig rühren, da der Brownie durch zu viel Luft im Teig brüchig wird.

Den Teig in der Backform verteilen und im vorgeheizten Backofen 25–28 Minuten backen, bis er an den Rändern leicht knusprig, in der Mitte aber noch weich ist und sich auf der Oberfläche eine feste »Haut« gebildet hat. 1 Stunde auskühlen lassen.

Für die Glasur 150 Gramm von der dunklen Schokolade mit dem Oliven- und dem Orangenöl im Wasserbad oder in der Mikrowelle unter Rühren schmelzen. Die flüssige Schokolade gleichmäßig auf dem Brownie verteilen. Die restlichen 100 Gramm gehackte Schokolade auf dem Kuchen verstreuen. Die Glasur 2 Stunden fest werden lassen. In beliebig große Quadrate schneiden.

125 g Butter, plus etwas für die Form
400 g dunkle Schokolade, gehackt
1 TL Instant-Espressopulver, aufgelöst in 1–2 TL heißem Wasser
Abrieb von 1 unbehandelten Orange
1 TL Orangenöl
4 Eier
100 g Mandeln, gemahlen
125 Vollmilchschokolade, gehackt
150 g Muscovado-Zucker (oder ein anderer dunkler brauner Zucker)
85 g Mandeln, geröstet und gehackt
1 Prise Salz
2 Tropfen Vanilleextrakt

GLASUR
250 g dunkle Schokolade, sehr grob gehackt
1 EL Olivenöl
1 TL Orangenöl

Für die Kleinen
Verwenden Sie anstelle der grob gehackten dunklen Schokolade auf der Glasur feine Vollmilch-Schokoladentropfen.

Seemannsbrownies

Für: 1 flache, rechteckige Backform (29 × 23 × 4 cm)
Zubereitungszeit: ca. 60 Minuten (plus Kühlzeit)
Haltbarkeit: luftdicht verpackt 7 Tage, gut einzufrieren
Kompost: Eierschalen

175 g Butter, plus etwas für die Form
200 g dunkle Schokolade, gehackt
100 g Rosinen
3 EL hochwertiger Rum
4 Eier
275 g Vollmilchschokolade, in Stücken
150 g Zucker
1 TL glutenfreies Backpulver
100 g Walnüsse, gemahlen
75 g Walnüsse, geröstet und grob gehackt
1 TL Vanilleextrakt
1 Prise Salz

GLASUR
50 g Rosinen
4 TL hochwertiger Rum
25 g Butter
100 g Vollmilchschokolade, gehackt

Diese Brownies sind eine Hommage an meine ziemlich trinkfesten Seemannsonkel, die gerne mal einen guten Rum trinken. Das Rösten verleiht den Walnüssen eine leicht rauchige Note, die hervorragend zu dem Rum passt.

Den Backofen auf 180 °C vorheizen. Den Boden der Backform mit Backpapier auslegen und die Form mit Butter einfetten.

Die Butter mit der dunklen Schokolade im Wasserbad oder in der Mikrowelle unter Rühren schmelzen.

Die Rosinen mit dem Rum in einem kleinen Topf etwa 1 Minute sanft erhitzen, dann beiseite stellen.

Die Eier, die gehackte Vollmilchschokolade, den Zucker, das Backpulver, die gemahlenen und die gehackten Walnüsse, den Vanilleextrakt und das Salz in eine große Schüssel geben. Die Rumrosinen und die Schokoladen-Butter-Mischung hinzufügen und alles mit dem Rührgerät auf mittlerer Stufe zu einem weichen Teig verarbeiten.

Die Masse in der Backform verteilen und im vorgeheizten Backofen 25 Minuten backen. Der Brownie ist fertig, wenn er auf Druck nur noch leicht nachgibt, sich unter der Oberfläche aber elastisch-weich anfühlt. In der Form 1 Stunde auskühlen lassen.

Für die Glasur die Rosinen mit dem Rum in einem kleinen Topf erhitzen, dann alles in der Küchenmaschine pürieren. Die Butter und die Schokolade im Wasserbad oder in der Mikrowelle unter Rühren schmelzen. Die Rum-Rosinen-Masse unterrühren. Die Mischung gleichmäßig auf dem ausgekühlten Brownie verteilen. Die Glasur fest werden lassen, dann den Brownie aus der Form lösen und in 15 Stücke schneiden.

Das gewisse Etwas
Einen zusätzlichen Touch von Dekadenz erhalten diese Brownies, wenn man sie direkt nach dem Backen gleichmäßig mit einem Stäbchen einsticht und sie vor dem Glasieren mit 1–2 Esslöffeln Rum beträufelt.

Extraschokoladiger Schokokuchen

150 g Butter, plus etwas für die Form
200 g dunkle Schokolade, gehackt
5 Eier
200 g Zucker
1 TL glutenfreies Backpulver
100 g Mandeln, gemahlen
60 g Leinsamenmehl
½ TL Vanilleextrakt
275 g Vollmilchschokolade, in Stücken

GLASUR
50 g Butter
100 g dunkle Schokolade, in Stücken

Diesen Kuchen kann man in einer runden Springform oder in einer flachen, rechteckigen Backform backen. Er gelingt spielend leicht und ist zart und saftig. Man kann ihn pur genießen oder geradezu dekadent zusätzlich mit einer Schokoladenganache glasieren.

Den Backofen auf 180 °C vorheizen. Den Boden der Springform oder der rechteckigen Backform mit Backpapier auslegen und die Form dann großzügig mit Butter einfetten.

Die Butter mit der dunklen Schokolade im Wasserbad oder in der Mikrowelle unter Rühren schmelzen.

Die Eier, den Zucker, das Backpulver, die Mandeln, das Leinsamenmehl und den Vanilleextrakt in eine große Rührschüssel geben. Die Schokoladen-Butter-Mischung unterziehen und alles mit dem Rührgerät auf mittlerer Stufe zu einem glatten Teig verrühren. Mit einem Teigspachtel die gehackte Vollmilchschokolade unterrühren.

Die Masse in die Form geben. Die Form auf ein Backblech stellen und den Kuchen im vorgeheizten Backofen 30 Minuten backen (bei einer flachen, eckigen Form 20–25 Minuten). Falls der Kuchen länger braucht, mit Backpapier abdecken. Der Kuchen ist fertig, wenn er auf Druck nur noch leicht nachgibt, sich unter der Oberfläche aber elastisch-weich anfühlt. 1 Stunde auskühlen lassen.

Für die Glasur die Butter und die Schokolade im Wasserbad oder in der Mikrowelle unter Rühren schmelzen. Den Kuchen aus der Form lösen und das Backpapier abziehen. Mit einer Palette gleichmäßig die Glasur darauf verstreichen. Etwa 2 Stunden fest werden lassen.

Für: 1 runde Springform (24 cm Ø) oder 1 flache, rechteckige Backform (29 × 23 × 4 cm)
Zubereitungszeit: ca. 60 Minuten (plus Kühlzeit)
Haltbarkeit: luftdicht verpackt bis zu 7 Tage, gut einzufrieren
Kompost: Eierschalen

Für die große Runde

Verdoppeln Sie für viele Gäste einfach die Zutatenmengen und verteilen Sie den Teig auf zwei Springformen mit 20 Zentimetern Durchmesser. Dadurch verkürzt sich die Backzeit um 5 Minuten. Zwischen die beiden Kuchenböden Schokocreme (siehe Seite 126) füllen.

Pflaumen-Schoko-Küchlein

Für: 1 flache, rechteckige Backform (29 × 23 × 4 cm)
Zubereitungszeit: ca. 70 Minuten (plus Zeit zum Auskühlen)
Haltbarkeit: luftdicht verpackt bis zu 7 Tage, gut einzufrieren
Kompost: Eierschalen

150 g Butter, plus etwas für die Form
250 g entsteinte Dörrpflaumen, geviertelt
4 EL Armagnac
600 g Vollmilchschokolade, gehackt
6 Eier
1 EL Instant-Espressopulver, aufgelöst in 1 EL heißem Wasser
200 g Mandeln, gemahlen
100 g Kastanienmehl
1 EL Orangenöl
¼ TL Vanilleextrakt

BELAG
25 g Butter
50 g dunkle Schokolade, gehackt
12 entsteinte Dörrpflaumen

Nach einem wunderschönen Fahrrad- und Campingurlaub in Südwestfrankreich konnte ich es kaum abwarten, zu Hause etwas mit den Dörrpflaumen aus der Region, den berühmten Pruneaux d'Agen anzustellen, die uns den gesamten Urlaub versüßt hatten. In ihrer Heimat wurden sie überall an der Straße angeboten, oft zusammen mit einem hervorragenden Armagnac. Diese Küchlein sind nicht allzu süß und eignen sich, in feine Scheibchen geschnitten, perfekt als kleine Nascherei nach einem schönen Abendessen.

Den Backofen auf 170 °C vorheizen. Die Backform mit Butter einfetten.

Die Dörrpflaumen und den Armagnac in einem kleinen Topf etwa 2 Minuten sanft erhitzen, dann beiseite stellen und abkühlen lassen.

Die Butter mit der Vollmilchschokolade im Wasserbad oder in der Mikrowelle unter Rühren schmelzen.

Die Eier zusammen mit den Dörrpflaumen, dem Armagnac, dem Espresso, den gemahlenen Mandeln, dem Kastanienmehl, dem Orangenöl und dem Vanilleextrakt in eine große Rührschüssel geben. Die Schokoladen-Butter-Mischung unterziehen und alles mit dem Rührgerät auf höchster Stufe verrühren, bis der Teig Blasen wirft.

Die Masse gleichmäßig in die Form streichen und diese einmal kräftig auf der Arbeitsfläche aufschlagen, um eingeschlossene Luftblasen zu entfernen. Den Teig im vorgeheizten Backofen 35–40 Minuten backen, bis er auf Druck noch leicht nachgibt und bei der Garprobe an einem Holzstäbchen keine Teigreste mehr kleben bleiben. Auskühlen lassen.

Für den Belag die Butter und die dunkle Schokolade im Wasserbad oder in der Mikrowelle unter Rühren schmelzen. Die Dörrpflaumen einzeln in die Schokolade tauchen und auf dem Kuchen verteilen. Den Kuchen nach Belieben mit der restlichen Schokolade beträufeln. Aus der Form lösen und in zwölf Quadrate schneiden oder Kreise ausstechen.

Für die Kleinen

Wenn die ganze Familie mitisst, können Sie den Armagnac auch weglassen und die Dörrpflaumen »nüchtern« in den Teig geben.

Scharfe Schokoküchlein

Ergibt: 12 Stück
Zubereitungszeit: ca. 30 Minuten
Haltbarkeit: gekühlt 2 Tage, gut einzufrieren

25 g Butter, zerlassen, plus etwas für die Form
200 g Zucker
100 g Kastanienmehl
25 g Mandeln, gemahlen
3 EL Kakaopulver
1 TL Vanilleextrakt
1 TL Schokoladenextrakt
½ TL getrocknete Chiliflocken
150 ml Vollmilch
100 g dunkle Schokolade, grob gehackt

»SCHLAMMSCHICHT«
60 g Rohrohrzucker
2 EL Kakaopulver

Ein herrlich einfacher Nachtisch. Bei uns heißen die Küchlein auch »Schlammige Infernos«, aber wie scharf sie werden, bleibt natürlich jedem selbst überlassen – einfach die Chilimenge dem persönlichen Geschmack anpassen. Am besten schmecken diese Küchlein noch warm direkt aus dem Ofen.

Den Backofen auf 180 °C vorheizen. Eine Silikon-Muffinform mit zwölf Mulden mit Butter einfetten und auf ein Backblech stellen.

Den Zucker, das Kastanienmehl, die Mandeln, das Kakaopulver, den Vanille- und den Schokoladenextrakt sowie die Chiliflocken in eine Rührschüssel geben. Die zerlassene Butter und die Milch hinzufügen und alles mit dem Rührgerät auf höchster Stufe zu einem weichen, glatten Teig verarbeiten. Mit einem Teigspachtel die Schokostückchen unterheben.

Jede Muffinmulde etwa bis zur Hälfte mit der Masse befüllen.

Für die »Schlammschicht« den Zucker und das Kakaopulver in einem hohen Gefäß mit 100 Millilitern kochendem Wasser übergießen und alles mit einer Gabel verrühren, bis der Kakao sich vollständig aufgelöst hat. Die Masse auf den Teig in den Muffinmulden geben, dabei diese nicht ganz bis oben hin füllen. Zu diesem Zeitpunkt sieht das Ganze noch etwas merkwürdig aus – aber vertrauen Sie dem Rezept!

Die Küchlein im vorgeheizten Backofen 15–17 Minuten backen. Danach sollte die Kakaoschicht an der Oberfläche eine gummiartige Konsistenz haben. Die Küchlein etwas abkühlen lassen, dann aus der Form lösen. Noch warm oder abgekühlt servieren.

Das gewisse Etwas

Eine warme Schokoladensauce gibt den Küchlein eine zusätzliche sinnliche Komponente. Dazu 100 Gramm dunkle Schokolade in Stücken mit 40 Gramm Butter und sechs Esslöffeln Crème double unter Rühren im Wasserbad schmelzen.

Schokoschock

225 g Butter, plus etwas für die Form
150 g heller Zuckerrübensirup
1 EL Instant-Espressopulver
325 g dunkle Schokolade, gehackt
1 EL Mandelöl
1 EL Orangenöl
2 TL Lebkuchengewürz
400 g Amondi-Plätzchen (siehe Seite 130) oder Amaretti
100 g Mandeln, geröstet und gehackt

Dies ist unsere Version des italienischen Dessertklassikers »Panforte«. Die Amondi-Plätzchen knuspern herrlich, während die Schokolade auf der Zunge zergeht. Das Ganze eignet sich prima als superschokoladige Leckerei zum Kaffee nach einem üppigen Essen, am besten leicht gekühlt und in ganz feinen Scheiben. Dann kann man auch mehrmals zugreifen – und das werden Sie!

Die Backform mit Butter einfetten.

Die Butter mit dem Sirup in einem kleinen Topf bei schwacher bis mittlerer Hitze unter Rühren schmelzen. Achtung, die Mischung darf nicht zu heiß werden! Den Espresso unterrühren, bis er sich aufgelöst hat.

Die Schokolade mit dem Mandelöl im Wasserbad oder in der Mikrowelle unter Rühren schmelzen.

Die geschmolzene Schokolade und die Butter-Sirup-Mischung mit dem Rührgerät zu einer glatten, weichen Masse verrühren. Das Orangenöl und das Lebkuchengewürz untermischen.

Die Amondi-Plätzchen in etwa zwei Zentimeter große Stücke brechen und zusammen mit den Mandeln in eine große Rührschüssel geben. Die Schokoladenmasse dazugeben und alles gründlich vermischen.

Die Mischung in die Form füllen und diese einmal kräftig auf der Arbeitsfläche aufschlagen und etwas schwenken, um die Masse gleichmäßig zu verteilen. Die Masse im Kühlschrank 2–3 Stunden fest werden lassen.

Für: 1 flache, rechteckige Backform (29 × 23 × 4 cm)
Zubereitungszeit: ca. 30 Minuten (plus 2–3 Stunden Kühlzeit)
Haltbarkeit: gekühlt bis zu 7 Tage

Das gewisse Etwas
Für eine Luxusvariante dieses herrlichen Schockerlebnisses geröstete Pistazienkerne und gehackte getrocknete Aprikosen zugeben.

Orangen-Schoko-Schnitten

100 g Butter, zerlassen, plus etwas für die Form
1 Portion Doppelkekse mit Vanillecreme (siehe Seite 136) ohne Füllung
100 g heller Zuckerrübensirup
1 EL Kakaopulver

ORANGENCREME
50 g weiche Butter
350 g Puderzucker
Abrieb (fein) von 1 unbehandelten Orange
Glasur
250 g dunkle Schokolade, gehackt
125 g Butter
½ TL Orangenöl

Dieser leckere, kinderleicht zuzubereitende Kühlschrankkuchen ist ziemlich üppig. Wie bei fast allen unserer Schokoladenrezepte empfiehlt es sich entsprechend auch hier, ihn gut gekühlt und in kleinen Portionen zu servieren.

Den Boden der Backform mit Backpapier auslegen. Die Form dann großzügig mit Butter einfetten.

Die Kekse in der Küchenmaschine zu Bröseln zerkleinern. Die Brösel in einer großen Schüssel mit einem Holzlöffel mit der geschmolzenen Butter, dem Zuckerrübensirup und dem Kakaopulver verrühren, bis die trockenen Zutaten die Butter aufgesogen haben. Die Masse gleichmäßig in der Backform verstreichen und mit der Rückseite eines Metalllöffels fest andrücken. 1 Stunde in den Kühlschrank stellen.

Inzwischen für die Orangencreme die Butter in eine Schüssel geben und den Puderzucker darübersieben. Den Orangenabrieb und das -öl hinzufügen und alles mit dem Rührgerät auf niedriger Stufe zu einer glatten Masse verrühren. Kalt stellen.

Für die Glasur die dunkle Schokolade mit der Butter und dem Orangenöl im Wasserbad oder in der Mikrowelle unter Rühren schmelzen.

Die Orangencreme gleichmäßig auf dem Keksboden verstreichen, dann die Schokoladenglasur gleichmäßig darauf verteilen. 1 Stunde in den Kühlschrank stellen.

Die Ränder des Kuchens mit einer Palette lösen, dann den Kuchen vorsichtig aus der Form heben und in kleine Quadrate schneiden.

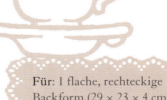

Für: 1 flache, rechteckige Backform (29 × 23 × 4 cm)
Zubereitungszeit: ca. 30 Minuten (plus Kühlzeit)
Haltbarkeit: gekühlt bis zu 7 Tage, gut einzufrieren
Kompost: Eierschalen, Obstabfälle

Öfter mal etwas Neues
Auch mit der Schokoladenkeksvariante (siehe Seite 126) anstelle der Vanille-Doppelkekse als Basis schmecken die Schnitten ganz großartig.

Schoko-Pfefferminz-Schnitten

laktosefrei
Für: 1 flache, rechteckige
Backform (29 × 23 × 4 cm)
Zubereitungszeit:
ca. 90 Minuten (plus Kühlzeit)
Haltbarkeit: luftdicht
verpackt bis zu 5 Tage,
gut einzufrieren
Kompost: Eierschalen,
Kräuterabfälle

SCHOKOLADEN-SHORTBREAD

Olivenöl für die Form

2 kleine Eier

125 g Mandeln, gemahlen

125 g Rohrohrzucker

125 Maisgrieß

40 g Mandeln, geröstet und gehackt

1 gehäufter EL Kakaopulver

215 g laktosefreie dunkle Schokolade, gehackt

125 ml Olivenöl

Abrieb und Saft von 1 unbehandelten Limette

2 Eier

100 g Mandeln, gemahlen

100 g Zucker

35 g Maisgrieß

4 Blätter frische Minze, gehackt (oder ½ TL getrocknete)

½ TL Pfefferminzöl

15–20 Blätter frische Minze (nach Belieben)

Eine laktosefreie Leckerei mit den klaren, unverfälschten Aromen von Schokolade und Minze.

Den Backofen auf 180 °C vorheizen. Die Backform mit Olivenöl einfetten und den Boden mit Backpapier auslegen.

Für das Schokoladen-Shortbread die Eier, die gemahlenen Mandeln, den Zucker, den Maisgrieß, die gehackten Mandeln und das Kakaopulver in einer Rührschüssel mit dem Rührgerät oder in der Küchenmaschine auf mittlerer Stufe verrühren. Die Masse sollte feucht, aber nicht nass sein. Bei Bedarf noch mehr gemahlene Mandeln zugeben.

Die Masse in die Backform füllen und mit einer Lage Backpapier abdecken. Den Teig mit dem Rücken eines Metalllöffels gleichmäßig bis in die Ecken verteilen. Im vorgeheizten Backofen 20–22 Minuten goldbraun backen, bis der Kuchen auf Druck noch leicht nachgibt. In der Form vollständig auskühlen lassen.

Anschließend für den Belag 115 Gramm der dunklen Schokolade im Wasserbad oder in der Mikrowelle unter Rühren schmelzen. Mithilfe einer Palette gleichmäßig auf dem Shortbread-Boden verstreichen. Im Kühlschrank fest werden lassen. Das Olivenöl sorgfältig mit dem Limettenabrieb und dem Limettensaft verrühren.

Die Eier, die gemahlenen Mandeln, den Zucker, den Maisgrieß, die Minzblätter und das Pfefferminzöl in eine Rührschüssel geben. Zum Schluss die Olivenöl-Limetten-Mischung hinzufügen und alles mit dem Rührgerät auf höchster Stufe zu einem glatten Teig verarbeiten. Die Masse mithilfe eines Teigspachtels gleichmäßig auf dem Kuchenboden mit der verfestigten Schokolade verteilen. 30 Minuten goldbraun backen. In der Form vollständig auskühlen lassen.

Die restliche Schokolade im Wasserbad oder in der Mikrowelle unter Rühren schmelzen.

Für die schokolierten Minzblättchen acht Minzeblätter mithilfe eines Pinsels mit der Schokolade bestreichen und auf Backpapier etwa 30 Minuten im Kühlschrank fest werden lassen. Dann umdrehen und die Rückseite mit Schokolade bestreichen. Im Kühlschrank fest werden lassen.

Die restliche Schokolade mit einem Metalllöffel dekorativ über den Kuchen träufeln. Den Kuchen mit schokolierten und naturbelassenen Minzeblättchen bestreuen.

Florentiner

zerlassene Butter für die Form

300 g dunkle Schokolade, gehackt

1 EL Mandelöl

200 ml Kondensmilch

115 g kandierte Kirschen, Bioqualität,
    gehackt

75 g getrocknete Cranberrys

50 g Rosinen

50 g gemischtes Orangeat und Zitronat

½ TL Salz

50 g Mandeln, geröstet und grob gehackt

40 g Erdnüsse, geröstet

25 g Pistazienkerne, geröstet und grob
    gehackt

25 g Sonnenblumenkerne, geröstet

Dieser große Florentiner ist sozusagen die rustikale Schnellvariante des berühmten Kleingebäcks. Er wird in einem Stück gebacken und auch so serviert. So kann sich jeder nach Belieben ein passendes Stück abbrechen. Genau richtig für den kleinen Hunger auf etwas Süßes.

Den Boden der Backform mit Backpapier auslegen, dann die ganze Form großzügig mit Butter einfetten.

Die dunkle Schokolade mit dem Mandelöl im Wasserbad oder in der Mikrowelle unter Rühren schmelzen. Die Masse gleichmäßig in der Backform verstreichen, dann die Form etwa 1 Stunde in den Kühlschrank stellen.

Inzwischen den Backofen auf 180 °C vorheizen. Die Kondensmilch, die kandierten Kirschen, die Cranberrys, die Rosinen, das Orangeat, das Zitronat und das Salz mithilfe eines Holzlöffels vorsichtig verrühren. Dann sorgfältig die gerösteten Mandeln, die Erdnüsse, die Pistazienkerne und die Sonnenblumenkerne untermischen.

Die Form mit der verfestigten Schokolade aus dem Kühlschrank nehmen. Die Frucht-Nuss-Mischung auf der Schokoladenschicht verstreichen. Im vorgeheizten Backofen 15–17 Minuten goldbraun und fest backen. Abkühlen lassen, dann 2 Stunden in den Kühlschrank stellen, damit die Schokolade wieder fest wird.

Aus der Form lösen und das Backpapier abziehen. Den Florentiner in mundgerechte Stücke schneiden oder am Stück servieren, sodass sich jeder die gewünschte Menge abbrechen kann.

Für: 1 flache, rechteckige Backform (29 × 23 × 4 cm)
Zubereitungszeit: ca. 40 Minuten (plus Kühlzeit)
Haltbarkeit: luftdicht verpackt bis zu 7 Tage, gut einzufrieren

Das gewisse Etwas

Mit hübschen Ausstechern in ansprechende Formen gebracht und in dekorativen Papierförmchen serviert, sind die Florentiner der Hingucker auf Ihrem Kaffeetisch.

Schokoladen-Orangen-Kuchen

Für: 1 flache, rechteckige Backform (29 × 23 × 4 cm)
Zubereitungszeit: ca. 80 Minuten (plus Zeit zum Auskühlen)
Haltbarkeit: luftdicht verpackt bis zu 7 Tage
Kompost: Eierschalen, Obstabfälle

KANDIERTE ORANGE

½ unbehandelte Orange (horizontal halbiert, mit Schale)
3 EL Rohrohrzucker
2 EL Orangensaft

600 g Vollmilchschokolade in Stücken
150 g Butter, plus etwas für die Form
6 Eier
300 g Mandeln, gemahlen
1 EL Instant-Espressopulver, aufgelöst in 1 EL heißem Wasser
1 EL Orangenöl

ORANGEN-SCHOKO-GLASUR

50 g dunkle Schokolade, gehackt
1 EL Olivenöl
1 EL Orangenblütenwasser

Bei einem Fahrrad- und Campingurlaub in Frankreich übernachteten wir einmal auf einem Campingplatz mit einem sehr rustikalen Restaurant einschließlich Wellblechküche. Dort bekamen wir ein vorzügliches Essen, dessen unangefochtener Höhepunkt ein Orangen-Schokoladen-Kuchen war, der in hauchdünnen Scheiben zu einem winzig kleinen Espresso gereicht wurde.

Den Backofen auf 180 °C vorheizen. Für die kandierte Orange die Orangenhälfte in 3–4 runde Scheiben schneiden, diese vierteln und in eine ofenfeste Form legen. Den Zucker und den Orangensaft miteinander verrühren und über die Orangenstücke gießen. Im vorgeheizten Backofen 15–20 Minuten garen.

Die Backform großzügig mit Butter einfetten. Die Vollmilchschokolade und die Butter im Wasserbad oder in der Mikrowelle unter Rühren schmelzen.

Die Eier, die gemahlenen Mandeln, den Espresso und das Orangenöl in eine große Rührschüssel geben. Die Schokoladen-Butter-Masse unterrühren und alles mit dem Rührgerät auf hoher Stufe zu einem glatten, hellbraunen Teig verarbeiten. Beim Abkühlen dickt die Masse noch etwas an.

Den Teig gleichmäßig in die Form füllen und diese einmal kräftig auf der Arbeitsfläche aufschlagen, um eingeschlossene Luftblasen zu entfernen. Im vorgeheizten Backofen 25 Minuten backen, bis der Kuchen noch leicht nachgibt und bei der Garprobe an einem Holzstäbchen keine Teigreste mehr kleben bleiben. In der Form abkühlen lassen.

Für die Orangen-Schoko-Glasur die Schokolade mit dem Olivenöl und dem Orangenblütenwasser im Wasserbad oder in der Mikrowelle unter Rühren schmelzen. Die geschmolzene Schokolade auf dem Kuchen verteilen und mit einer Palette glatt streichen. Wenn die Glasur fest geworden ist, den Kuchen mit den kandierten Orangen dekorieren und in kleine Stücke schneiden.

Das gewisse Etwas

Für besondere Anlässe können Sie je zwei Kuchenquadrate mit Orange Curd füllen und als köstliche Törtchen servieren.

Rentier Rudolfs Knusperküchlein

Ergibt: 12 Stück
Zubereitungszeit:
ca. 30 Minuten
(plus Kühlzeit)
Haltbarkeit: gekühlt 5 Tage,
gut einzufrieren

125 g Butter
125 g heller Zuckerrübensirup
85 g Vollmilchschokolade, gehackt
40 g dunkle Schokolade, gehackt
90 g glutenfreie Reis-Crispies
50 g Vollmilchschokoladentropfen
12 kandierte Kirschen, Bioqualität

GLASUR
20 g Butter
20 g dunkle Schokolade, gehackt

Diese schokoladigen Knusperhäufchen sind ideal für einen Backnachmittag mit den Kindern. Nur beim Schokoladeschmelzen sollte ein Erwachsener helfen. Die Küchlein zu machen ist ganz einfach und macht Riesenspaß, aber auch eine ziemliche Ferkelei. Aber wenn man hübsch gemusterte oder metallisch glänzende Papierförmchen verwendet, ist das Ergebnis jede Putzaktion wert. Wie der Name schon ahnen lässt, hatten wir die leckeren Knusperhäufchen ursprünglich als Weihnachtsleckerei eingeführt, aber als wir sie im neuen Jahr wieder aus dem Programm nehmen wollten, gab es fast einen Aufstand!

Zwölf farbige Muffinförmchen aus Papier auf ein Backblech setzen.

Die Butter mit dem Zuckerrübensirup und den beiden Schokoladensorten in einem Topf oder in der Mikrowelle bei schwacher bis mittlerer Hitze unter Rühren schmelzen. Die Mischung sollte dabei leicht andicken. Nicht zu stark erhitzen, da sie sonst wieder flüssiger wird. Gut umrühren und zum Abkühlen und Andicken beiseite stellen.

Die Reis-Crispies in eine große Rührschüssel geben. Die Schokoladenmasse darübergießen und alles mit einem Holzlöffel kräftig verrühren, bis alle Crispies mit Schokolade umhüllt sind.

Die Masse mithilfe von zwei Metalllöffeln in die Förmchen füllen und leicht andrücken.

Die Schokoladentropfen über die Küchlein streuen und sanft in die Masse drücken.

Die Butter und die dunkle Schokolade im Wasserbad oder in der Mikrowelle unter Rühren schmelzen. Jedes Crispy-Häuflein mit einer kandierten Kirsche dekorieren und mithilfe eines Metalllöffels mit der Schokoladen-Butter-Mischung beträufeln. 1 Stunde im Kühlschrank fest werden lassen.

Tipp
Man kann diesen knusprigen Knabberspaß auch in einer flachen, rechteckigen Backform (29 × 23 × 4 Zentimeter) zubereiten und, wenn er erkaltet ist, mit einem scharfen Messer in 15 Quadrate schneiden.

Himbeertörtchen mit zweierlei Schokolade

Ergibt: 10 Stück
Zubereitungszeit:
ca. 60 Minuten
(plus Kühlzeit)
Haltbarkeit:
gekühlt über Nacht,
gut einzufrieren

Butter, zerlassen, für die Formen
Tapiokamehl für die Formen
300 g Pekannuss-Hälften
60 g Muscovado-Zucker (oder ein anderer
    dunkler brauner Zucker)
50 g gekühlte Butter, gewürfelt
1 TL Salz
350 g Himbeeren
1–2 EL Puderzucker zum Bestauben

SCHOKOLADENGLASUR
140 g dunkle Schokolade, gehackt
2 EL Mandelöl

WEISSE SCHOKOLADENCREME
225 g Crème double
100 g Crème fraîche
100 g griechischer Sahnejoghurt
1 EL Vanilleextrakt
175 g weiße Schokolade, gehackt
2–3 g gefriergetrocknete Himbeeren

Der Teig für diese Törtchen gelingt kinderleicht, und nach dem Blindbacken kann man die Teigschalen nach Belieben füllen. Man sollte sie aber unbedingt rechtzeitig aus dem Ofen nehmen, da die Pekannüsse sonst bitter werden. Das kräftige Aroma von Teig und dunkler Schokoladenglasur konstrastiert köstlich die Süße der weißen Schokolade.

Den Backofen auf 150 °C vorheizen. Zehn Torteletteformen (zehn Zentimeter Durchmesser) mit Butter einfetten und mit Tapiokamehl bestauben. Auf ein Backblech stellen. Aus Backpapier zehn Kreise in Größe der Förmchen ausschneiden und beiseitestellen.

Die Pekannüsse, den Muscovado-Zucker, die Butter und das Salz in der Küchenmaschine zu einem groben Teig verarbeiten – Nussstücke sollten noch zu erkennen sein. Teigreste mit einem Teigspachtel von den Rändern schaben. Den Teig mit der Hand in die Formen drücken, dabei die Ränder hochziehen. Im vorgeheizten Backofen 18–20 Minuten blind backen. Rechtzeitig aus dem Ofen nehmer., damit die Teigschalen nicht zu trocken und brüchig werden. Abkühlen lassen.

Für die Schokoladenglasur die dunkle Schokolade mit dem Mandelöl im Wasserbad oder in der Mikrowelle unter Rühren schmelzen. In die Teigschalen gießen und mit der Rückseite eines Teelöffels bis zum Rand hoch verstreichen. Überschüssige Schokolade für die Dekoration zurückbehalten. 30 Minuten im Kühlschrank fest werden lassen.

Für die weiße Schokoladencreme 100 Gramm Crème double mit der Crème fraîche, dem Joghurt und dem Vanilleextrakt in einem Topf zum Kochen bringen. Vom Herd nehmen und etwas abkühlen lassen. Die weiße Schokolade zugeben und so lange rühren, bis sie geschmolzen ist. Die Masse 1 Stunde im Kühlschrank erkalten lassen. Inzwischen die gefriergetrockneten Himbeeren in der Küchenmaschine fein zerkleinern. Die restliche Crème double mit dem Rührgerät aufschlagen und unter die abgekühlte Schokoladenmasse ziehen. Die gemahlenen Himbeeren einrühren und die Masse gleichmäßig auf die Teigschalen verteilen. 3 Stunden in den Kühlschrank stellen.

Jedes Törtchen mit Himbeeren belegen und entweder mit Puderzucker bestauben oder mit der restlichen Schokoladenglasur beträufeln.

Flapjacks:
Hafer- & Nussschnitten

Beeren-Streusel-Schnitten

Für: 1 flache, rechteckige
Backform (29 × 23 × 4 cm)
Zubereitungszeit:
ca. 60 Minuten
Haltbarkeit: luftdicht
verpackt 5 Tage,
gut einzufrieren

185 g Butter, plus etwas für die Form
115 g Rohrohrzucker
125 g heller Zuckerrübensirup
225 g glutenfreie Haferflocken
100 g glutenfreies Hafermehl
100 g Haselnüsse, geröstet
100 g Haselnüsse, geröstet und gehackt
50 g gemahlene Haselnüsse
etwa 350 g Schwarze Johannisbeeren oder
    anderes Saisonobst, ersatzweise 200 g
    Johannisbeerkonfitüre

STREUSEL
100 g Rohrohrzucker
100 g kalte Butter, gewürfelt
55 g glutenfreie kernige Haferflocken
50 g glutenfreies Hafermehl
50 g Sorghum-Mehl

In Dorset sind die Büsche und Hecken im Spätsommer und Frühherbst sehr freigebig in Sachen Beeren und Nüssen: Sie tragen dann wilde Himbeeren, Brombeeren, Haselnüsse und vieles mehr. Für dieses Rezept eignet sich jede Art von Beerenobst, je nach Saison. Versuchen Sie diesen Kuchen zum Beispiel mit Roten oder Schwarzen Johannisbeeren (die ich persönlich viel lieber mag als Heidelbeeren) oder auch mit den winzigen, zuckersüßen Walderdbeeren. Aber auch Gartenerdbeeren, die bei uns in Hängekörben wachsen, passen gut.

Den Backofen auf 180 °C vorheizen. Den Boden der Backform mit Backpapier auslegen. Dann Form und Backpapier großzügig mit Butter einfetten.

Die Butter, den Zucker und den Sirup in einem Topf unter Rühren mit einem Holzlöffel 8–10 Minuten sanft erhitzen, bis sich der Zucker aufgelöst hat (der Topfboden fühlt sich dann glatt an). Nicht aufkochen lassen, sonst wird das Gebäck hart.

Die Haferflocken, das Hafermehl und die ganzen, die gehackten und die gemahlenen Haselnüsse in einer großen Rührschüssel vermischen. Die Buttermischung dazugeben und alles mit einem Teigspachtel sorgfältig verrühren.

Die Masse mit dem Teigspachtel gleichmäßig und bis an die Ränder in der Backform verteilen. Die Oberfläche glatt streichen. Den Boden vollständig mit den Beeren bedecken (oder mit einer dicken Schicht Johannisbeerkonfitüre bestreichen). Im vorgeheizten Backofen 10 Minuten backen.

Für die Streusel den Zucker, die Butter, die Haferflocken, das Hafermehl und das Sorghum-Mehl in eine große Rührschüssel geben. Die kalte Butter hinzufügen und alles zwischen den Fingerspitzen miteinander verreiben. Die Masse wird schnell anfangen zu klumpen. Sie ist sehr weich und feuchter als herkömmlicher Streuselteig.

Mit den Fingern die Streusel auf der Beerenschicht verteilen und fest in den Kuchen drücken. Im vorgeheizten Backofen 15–18 Minuten goldgelb backen. Vor dem Servieren auskühlen lassen oder sofort noch warm mit einer Kugel Vanilleeis genießen.

Würzige Birnen-Rosinen-Schnitten

Für: 1 flache, rechteckige Backform (29 × 23 × 4 cm)
Zubereitungszeit: ca. 60 Minuten (plus Zeit zum Auskühlen)
Haltbarkeit: gekühlt 5 Tage, gut einzufrieren
Kompost: Obstabfälle

185 g Butter, plus etwas zerlassene Butter für die Form
100 g Rohrohrzucker
60 g heller Zuckerrübensirup
70 g flüssiger Honig
1 Prise Salz
250 g glutenfreie Haferflocken
150 g Mandeln, gemahlen
50 g glutenfreies Hafermehl
100 g Rosinen
1½ TL Lebkuchengewürz
1½ TL gemahlener Ingwer

HONIGBIRNEN
350 g Birnen (2–3 Stück)
1 TL Lebkuchengewürz
3 EL flüssiger Honig

Ein schönes Rezept für die Birnensaison. Schmeckt mit jeder Sorte gut.

Den Backofen auf 180 °C vorheizen. Den Boden der Backform mit Backpapier auslegen. Dann Form und Backpapier großzügig mit Butter einfetten.

Für die Honigbirnen die Birnen entkernen (nicht schälen!) und in Würfel von etwa einem Zentimeter Seitenlänge schneiden. In eine Auflaufform geben, mit dem Lebkuchengewürz bestreuen und mit dem Honig beträufeln. Im vorgeheizten Backofen 20–22 Minuten garen, bis die Birnen weich sind. Die Masse abwiegen: Es sollten jetzt etwa 280 Gramm Birnenwürfel sein. Die Garflüssigkeit zur Weiterverwendung zurückbehalten.

Die Butter, den Zucker, den Zuckerrübensirup, den Honig und das Salz in einem Topf unter Rühren mit einem Holzlöffel 8–10 Minuten sanft erhitzen, bis sich der Zucker aufgelöst hat (der Topfboden fühlt sich dann glatt an). Nicht aufkochen lassen, sonst wird das Gebäck hart.

Die Haferflocken, die Mandeln, das Hafermehl, die Rosinen, das Lebkuchengewürz und den gemahlenen Ingwer in einer großen Rührschüssel vermischen. Die Buttermischung dazugeben und alles sorgfältig mit einem Teigspachtel verrühren. Vorsichtig 150 Gramm von den Birnenwürfeln sowie die gesamte Garflüssigkeit einrühren. Die Fruchtstücke sollten so wenig zerdrückt werden wie möglich.

Die Masse mit dem Teigspachtel gleichmäßig und bis an die Ränder in der Backform verteilen. Die Oberfläche glatt streichen. Im vorgeheizten Backofen 20–22 Minuten goldgelb backen.

Die restlichen Birnenwürfel auf dem Kuchen verteilen und in den noch warmen Teig drücken. Bis zu 3 Stunden auskühlen und fest werden lassen. In 15 quadratische Stücke schneiden. Vorsicht beim Transport: Der Kuchen ist sehr saftig!

Das gewisse Etwas
Tauchen Sie die Flapjack-Stücke zur Hälfte in geschmolzene dunkle Schokolade.

Dattel-Orangen-Küchlein

Mandel- oder Pflanzenöl für die Form
300 g Rohrohrzucker
300 g vegane Margarine
175 g heller Zuckerrübensirup
125 g flüssiger Honig
600 g glutenfreie Haferflocken
125 g Kastanienmehl

FÜLLUNG
100 g entsteinte Datteln
200 g hochwertige Orangenmarmelade
Abrieb (fein) von 1 unbehandelten Orange

GLASUR
2 EL hochwertige Orangenmarmelade

Diese kleinen Schmuckstücke sind gluten- und laktosefrei. Am besten backt man sie in Silikonformen. Das Zitrusaroma der Orangenmarmelade ergänzt perfekt die Süße der Datteln. Aber achten Sie unbedingt auf gute Qualität!

Den Backofen auf 180 °C vorheizen. Zwei Silikon-Muffinformen mit je zwölf Mulden mit Mandelöl einfetten und auf ein Backblech stellen.

Den Zucker, die vegane Margarine, den Zuckerrübensirup und den Honig in einem Topf unter Rühren mit einem Holzlöffel 8–10 Minuten sanft erhitzen, bis sich der Zucker aufgelöst hat (der Topfboden fühlt sich dann glatt an). Nicht aufkochen lassen, sonst wird das Gebäck hart.

Die Haferflocken und das Kastanienmehl in einer großen Rührschüssel vermischen. Die Zucker-Sirup-Mischung dazugeben und alles mit einem Teigspachtel sorgfältig verrühren.

Für die Füllung die Datteln grob dritteln und in einer Schüssel mit der Marmelade und dem Orangenabrieb mischen.

Den Teig mithilfe zweier Metalllöffel in die Muffinformen geben. Dabei jede Mulde zur Hälfte mit Teig füllen, einen Teelöffel der Dattelfüllung daraufsetzen und die Mulde bis zum Rand mit Teig auffüllen. Im vorgeheizten Backofen 15 Minuten goldgelb backen.

Für die Glasur die Marmelade in einem kleinen Topf sanft erhitzen und das noch warme Gebäck damit bestreichen. Die Küchlein vollständig auskühlen lassen, dann erst aus der Form lösen.

laktosefrei
Ergibt: 24 Stück
Zubereitungszeit: ca. 50 Minuten (plus Zeit zum Auskühlen)
Haltbarkeit: luftdicht verpackt 12 Tage, gut einzufrieren

Das gewisse Etwas
Sie können jedes Küchlein noch mit einer Medjool-Dattel verzieren.

Kernige Aprikosenküchlein

Ergibt: 12 Stück
Zubereitungszeit: ca. 50 Minuten (plus Zeit zum Auskühlen)
Haltbarkeit: luftdicht verpackt 7 Tage, gut einzufrieren

185 g Butter, plus etwas zerlassene Butter für die Form
125 g Rohrohrzucker
50 g heller Zuckerrübensirup
50 g flüssiger Honig
½ TL Salz
300 g glutenfreie kernige Haferflocken
60 g getrocknete Aprikosen, gehackt
25 g Kokoschips
25 g Kokosmehl
½ TL Vanilleextrakt

BELAG
6 getrocknete Aprikosen
3 EL Aprikosenkonfitüre

Als wir mit Honeybuns nach Dorset zogen, entdeckten wir schnell, was für fantastische Butter es hier gibt. Um diese großartige Zutat gebührend zu würdigen, haben wir diese butterigen Köstlichkeiten kreiert. Achtung: Suchtgefahr!

Den Backofen auf 180 °C vorheizen. Eine Silikon-Muffinform mit zwölf Mulden mit Butter einfetten und auf ein Backblech stellen.

Die Butter, den Zucker, den Sirup, den Honig und das Salz in einem Topf unter Rühren mit einem Holzlöffel 8–10 Minuten sanft erhitzen, bis sich der Zucker aufgelöst hat (der Topfboden fühlt sich dann glatt an). Nicht aufkochen lassen, sonst wird das Gebäck hart.

Die Haferflocken, die gehackten Aprikosen, die Kokoschips, das Kokosmehl und den Vanilleextrakt in einer großen Rührschüssel vermischen. Die Buttermischung dazugeben und alles mit einem Teigspachtel sorgfältig verrühren.

Die Masse mithilfe von zwei Metalllöffeln in die Backform geben, dabei jede Mulde bis zum Rand befüllen. Die Füllung nicht glatt streichen – die Küchlein sollen eher rustikal aussehen. Auf sechs der Küchlein je eine getrocknete Aprikose setzen. Alle Küchlein im vorgeheizten Backofen 12–15 Minuten goldbraun backen. Unmittelbar nach dem Backen in die anderen sechs Küchlein mit dem Daumen eine Vertiefung drücken und diese mit je ½ Teelöffel Aprikosenkonfitüre füllen. Die restliche Konfitüre sanft erhitzen und zum Schmelzen bringen, dann die sechs aprikosenbesetzten Küchlein damit bestreichen. Vollständig auskühlen lassen.

Tipp
Bei diesem Rezept sollten Sie keine Papierförmchen verwenden, da die Butter sie durchweichen würde. Sie können diese Flapjacks aber in einer flachen, rechteckigen Backform (29 × 23 × 4 Zentimeter) backen (die Backzeit erhöht sich dann um etwa 5 Minuten) und anschließend in quadratische Stücke schneiden.

Kernige Feigen-Mandel-Küchlein

185 g Butter, plus etwas für die Form
115 g Rohrohrzucker
70 g flüssiger Honig
60 g heller Zuckerrübensirup
½ TL Salz
200 g Mandeln, gemahlen
200 g glutenfreie kernige Haferflocken
100 g glutenfreies Hafermehl
100 g Mandeln, geröstet und gehackt
85 g glutenfreie Cornflakes
75 g getrocknete Feigen, gehackt
½ TL Orangenöl

BELAG
3 getrocknete Feigen, geviertelt
2 EL flüssiger Honig

Als ich als Studentin einmal in Portugal im Urlaub war, gab es drei Dinge, die mich mehr als alles andere begeisterten. Da waren einmal die frischen Sardinen, die vor unseren Augen gegrillt wurden. Dann gab es einen Markt mit getrockneten, mit Mandeln gefüllten Feigen – dem perfekten Proviant für die Fahrradtouren, die meine Freundin Pat und ich entlang der Algarveküste unternahmen. Nummer drei war der Medronho, ein traditioneller Schnaps – aber das ist eine andere Geschichte.

Den Backofen auf 180 °C vorheizen. Eine Silikon-Muffinform mit zwölf Mulden mit Butter einfetten und auf ein Backblech stellen.

Die Butter, den Zucker, den Honig, den Sirup und das Salz in einem Topf unter Rühren mit einem Holzlöffel 8–10 Minuten sanft erhitzen, bis sich der Zucker aufgelöst hat (der Topfboden fühlt sich dann glatt an). Nicht aufkochen lassen, sonst wird das Gebäck hart.

Die gemahlenen Mandeln, die Haferflocken, das Hafermehl, die gehackten Mandeln, die Cornflakes, die gehackten Feigen und das Orangenöl in einer großen Rührschüssel vermischen. Die Butter-Zucker-Mischung dazugeben und alles mit einem Teigspachtel sorgfältig verrühren.

Die Masse in die Muffinmulden füllen, dabei in jede Portion oben eine Vertiefung drücken. Im vorgeheizten Backofen 12–15 Minuten goldbraun backen. Unmittelbar nach dem Backen auf jedes der noch warmen Küchlein ein Stück Feige setzen und leicht andrücken. Mit dem Honig beträufeln.

Ergibt: 12 Stück
Zubereitungszeit:
ca. 45 Minuten
Haltbarkeit: luftdicht
verpackt 10 Tage,
gut einzufrieren

Die laktosefreie Variante
Für laktosefreien Genuss können Sie die Butter auch durch vegane Margarine ersetzen.

Kernige Nussriegel

laktosefrei
Für: 1 flache, rechteckige Backform (29 × 23 × 4 cm)
Zubereitungszeit: ca. 50 Minuten (plus Zeit zum Auskühlen)
Haltbarkeit: luftdicht verpackt 10 Tage, gut einzufrieren

KOKOSNUSS, NÜSSE UND KÖRNER ZUM RÖSTEN
50 g Kokoschips
50 g Pistazienkerne
40 g Pinienkerne
25 g Sesamsamen
25 g Sonnenblumenkerne

100 ml Mandelöl, plus etwas für die Form
200 g Rohrohrzucker
3 EL flüssiger Honig
100 g Haselnüsse, gehackt
100 g Walnüsse, gehackt
40 g Mandeln, gemahlen

Diese Riegel strotzen vor gesunden Nüssen und Körnern und eignen sich perfekt als nährstoffreiche kleine Zwischenmahlzeit oder auch als schnelles Frühstück.

Den Backofen auf 180 °C vorheizen.

Die Kokoschips, die Nüsse und die Körner zum Rösten in einer Lage auf einem Backblech verteilen. 5 Minuten im Ofen rösten, dann herausnehmen und abkühlen lassen.

Den Boden der Backform mit Backpapier auslegen. Dann Form und Backpapier großzügig mit Mandelöl einfetten. Das Mandelöl, den Zucker und den Honig in einem Topf unter Rühren mit einem Holzlöffel 8–10 Minuten sanft erhitzen, bis sich der Zucker aufgelöst hat (der Topfboden fühlt sich dann glatt an). Die Mischung zum Kochen bringen und 1–2 Minuten unter ständigem Rühren sanft köcheln lassen, bis die Masse anfängt zu karamellisieren. Es ist normal, dass das Mandelöl sich dabei absetzt.

Die Haselnüsse, die Walnüsse und die gemahlenen Mandeln in einer großen Rührschüssel vermengen, dann die Kokoschips, die Nüsse und die Samen untermischen. Die Zucker-Honig-Mischung dazugeben und alles mit einem Teigspachtel sorgfältig verrühren.

Die Masse mithilfe des Teigspachtels gleichmäßig und bis an die Ränder in der Backform verteilen. Die Oberfläche glatt streichen. Im vorgeheizten Backofen 10–12 Minuten goldgelb backen. Die Küchlein vollständig auskühlen und fest werden lassen (das kann bis zu 4 Stunden dauern!), dann erst aus der Form lösen und in Riegel schneiden.

Öfter mal etwas Neues
Mundgerecht zerbröselt kann man diese sättigenden Riegel auch mit Joghurt und frischem Obst als vollwertiges Frühstück genießen.

Haferschnitten mit Cranberrys, Pekannüssen und Ahornsirup

185 g laktosefreie Butter, plus etwas für
die Form
115 g Rohrohrzucker
70 g heller Zuckerrübensirup
3 EL Ahornsirup
½ TL Salz
150 g glutenfreie kernige Haferflocken
100 g glutenfreies Hafermehl
100 g Pekannusshälften, geröstet
50 g Pekannusshälften, geröstet und
gehackt
85 g Hirseflocken
70 g getrocknete Cranberrys
Abrieb (fein) von 1 unbehandelten Orange
½ TL Orangenöl

BELAG
25 g getrocknete Cranberrys
Abrieb (fein) von 1 unbehandelten Orange
3 EL Ahornsirup

Pekannüsse im Überfluss sowie das aromatische Zusammenspiel von Ahornsirup Nüssen und Cranberrys zeichnen diese Flapjacks aus. Es lohnt sich wirklich, die Pekannüsse vorab zu rösten.

Den Backofen auf 180 °C vorheizen. Den Boden der Backform mit Backpapier auslegen. Dann Form und Backpapier großzügig mit Butter einfetten.

Die Butter, den Zucker, den Zuckerrübensirup, den Ahornsirup und das Salz in einem Topf unter Rühren mit einem Holzlöffel 8–10 Minuten sanft erhitzen, bis sich der Zucker aufgelöst hat (der Topfboden fühlt sich dann glatt an). Nicht aufkochen lassen, sonst wird das Gebäck hart.

Die Haferflocken, das Hafermehl, die Pekannusshälften, die gehackten Pekannüsse, die Hirseflocken, die getrockneten Cranberrys, den Orangenabrieb und das Orangen-öl in einer großen Rührschüssel vermischen. Die Zucker-Sirup-Mischung dazugeben und alles mit einem Teigspachtel sorgfältig verrühren.

Die Masse mithilfe des Teigspachtels gleichmäßig und bis an die Ränder in der Backform verteilen. Nicht glatt streichen – die Schnitten sollten eher rustikal aussehen. Die Cranberrys auf der Teigschicht verteilen und etwas andrücken.

Den Kuchen im vorgeheizten Backofen 15–17 Minuten backen, bis er in der Mitte goldgelb und an den Rändern etwas dunkler ist. Beim Backen sollten sich auf der Oberfläche Bläschen bilden und das Gebäck sollte noch relativ weich sein – beim Erkalten wird es fest. 10 Minuten abkühlen lassen, dann aus der Form lösen und auf ein Kuchengitter setzen.

Den Orangenabrieb mit dem Ahornsirup mischen und das noch warme Gebäck mit der Mischung beträufeln. In 15 Stücke schneiden.

laktosefrei
Für: 1 flache, rechteckige
Backform (29 × 23 × 4 cm)
Zubereitungszeit:
ca. 45 Minuten
Haltbarkeit: luftdicht
verpackt 2 Wochen,
gut einzufrieren

Ab in die Tiefkühltruhe!
Die rohe Teigmasse lässt sich gut im Kühlschrank aufbewahren oder einfrieren. Bei der Verarbeitung von tiefgekühltem Teig verlängert sich die Backzeit um 5–10 Minuten.

Honig-Mandel-Schnitten

laktosefrei
Für: 1 flache, rechteckige
Backform (29 × 23 × 4 cm)
Zubereitungszeit: ca. 40 Minuten (plus Zeit zum Abkühlen)
Haltbarkeit: luftdicht verpackt
7 Tage, gut einzufrieren

Mandelöl für die Form
185 g vegane Margarine
115 g Rohrrohrzucker
100 g flüssiger Honig
25 g heller Zuckerrübensirup
200 g glutenfreie Cornflakes, leicht
   zerbröselt
150 g Mandeln, gemahlen
100 g Mandeln, geröstet und gehackt
25 g Hirseflocken
1 Prise Salz
25 g Sonnenblumenkerne

Diese Schnitten sind extrem vielseitig und eignen sich als schnelles Frühstück ebenso gut wie als kleine Zwischenmahlzeit. Auf Bauernmärkten findet man übrigens oft sehr guten Honig aus der Region.

Den Backofen auf 180 °C vorheizen. Den Boden der Backform mit Backpapier auslegen. Dann Form und Backpapier großzügig mit Mandelöl einfetten.

Die vegane Margarine, den Zucker, den Honig und den Zuckerrübensirup in einem Topf unter Rühren mit einem Holzlöffel 8–10 Minuten sanft erhitzen, bis sich der Zucker aufgelöst hat (der Topfboden fühlt sich dann glatt an). Nicht aufkochen lassen, sonst wird das Gebäck hart. Anschließend 30 Minuten abkühlen lassen.

Die Cornflakes, die gemahlenen und die gehackten Mandeln, die Hirseflocken und das Salz in einer großen Rührschüssel vermischen. Die Zucker-Honig-Mischung dazugeben und alles mit einem Teigspachtel sorgfältig vermischen.

Die Masse mithilfe des Teigspachtels gleichmäßig und bis an die Ränder in der Backform verteilen, dabei kräftig andrücken. Mit den Sonnenblumenkernen bestreuen.

Den Kuchen im vorgeheizten Backofen 16–18 Minuten goldgelb backen. In der Form auskühlen lassen, dann in 15 Stücke schneiden.

Öfter mal etwas Neues

Zur Abwechslung können Sie die Cornflakes natürlich auch durch andere glutenfreie Getreideflocken ersetzen.

Melasseschnitten

250 g Butter, plus etwas für die Form
150 g Muscovado-Zucker (oder ein anderer dunkler brauner Zucker)
150 g Melasse
300 g Hirseflocken
125 g Quinoamehl
60 g Mandeln, gemahlen
Glasur
250 g dunkle Schokolade, gehackt
2 EL Melasse
1 EL Mandelöl

Diese haferfreien Flapjacks sind geprägt von dem intensiven, bittersüßen Aroma der Melasse – zugegebenermaßen ein Geschmack, den nicht jeder mag. Melassefans kommen bei diesen Schnitten jedenfalls voll auf ihre Kosten. Sie machen nicht nur süchtig, sondern sind auch ausgesprochen gesund, denn Melasse enthält viel Eisen, Kalzium und Vitamin B. Einmal erkaltet, lässt sich das Gebäck gut schneiden und transportieren – ideal für ein herbstliches Picknick oder als Snack für unterwegs.

Den Backofen auf 180 °C vorheizen. Den Boden der Backform mit Backpapier auslegen. Dann Form und Backpapier großzügig mit zerlassener Butter einfetten.

Die Butter, den Zucker und die Melasse in einem Topf unter Rühren mit einem Holzlöffel 8–10 Minuten sanft erhitzen, bis sich der Zucker aufgelöst hat (der Topfboden fühlt sich dann glatt an). Nicht aufkochen lassen, sonst wird das Gebäck hart.

Die Hirseflocken, das Quinoamehl und die Mandeln in einer großen Rührschüssel vermischen. Die Butter-Melasse-Mischung dazugeben und alles mit einem Teigspachtel sorgfältig verrühren.

Die Masse mithilfe des Teigspachtels gleichmäßig und bis an die Ränder in der Form verteilen, dabei kräftig andrücken, bis eine gleichmäßig dünne Schicht entsteht.

Den Kuchen im vorgeheizten Backofen 14 Minuten goldbraun backen. In der Form etwas abkühlen lassen.

Für die Glasur die Schokolade mit der Melasse und dem Mandelöl im Wasserbad oder in der Mikrowelle unter Rühren schmelzen. Den Kuchen mit der geschmolzenen Schokolade bestreichen. Etwa 15 Minuten abkühlen lassen, dann zum Festwerden in den Kühlschrank stellen. In 15 Stücke schneiden.

Für: 1 flache, rechteckige Backform (29 × 23 × 4 cm)
Zubereitungszeit: ca. 40 Minuten (plus Kühlzeit)
Haltbarkeit: luftdicht verpackt 12 Tage, gut einzufrieren

Das gewisse Etwas
Für noch schokoladigeren Genuss geben Sie zusätzlich einen Esslöffel Kakaopulver in den Teig.

Kekse & Plätzchen

Schokoladen-Doppelkekse

Ergibt: 12 Stück
Zubereitungszeit:
ca. 60 Minuten
(plus Kühlzeit)
Haltbarkeit: luftdicht verpackt 5 Tage, Kekse und Teig sind gut einzufrieren
Kompost: Eierschalen

150 g Rohrohrzucker
150 g Maisgrieß
150 g Mandeln, gemahlen
100 ml Olivenöl
2 Eier
50 g Leinsamenmehl
20 g braunes Reismehl
2 EL Kakaopulver
1 TL Vanilleextrakt
Tapiokamehl zum Bestäuben

SCHOKOCREME
200 g Crème double
175 g dunkle Schokolade, gehackt
4 EL Puderzucker
1 EL Kakaopulver

GLASUR
50 g dunkle Schokolade, gehackt
50 g Vollmilchschokolade, gehackt

Ich erinnere mich wahnsinnig gern an die faulen Tage meiner Studienzeit, an denen Pat, Becks und ich oft stundenlang bei einer Riesenkanne Tee und (mindestens!) einer Packung Doppelkekse in der Küche saßen und philosophierten. Ich hoffe, wir konnten die Magie dieser Kekse in unserem Rezept einfangen – für alle, die gern tee- und keksselig in Erinnerungen schwelgen.

Den Backofen auf 180 °C vorheizen. Zwei Backbleche mit Backpapier auslegen.

Den Zucker, den Maisgrieß, die Mandeln, das Olivenöl, die Eier, das Leinsamenmehl, das Reismehl, das Kakaopulver und den Vanilleextrakt in einer großen Rührschüssel mit dem Rührgerät auf niedriger Stufe zu einem weichen Teig verarbeiten.

Hände, Teigrolle und Arbeitsfläche leicht mit Tapiokamehl bestäuben. Den Teig behutsam durchkneten und dann etwa fünf Millimeter dick ausrollen. Mit einer Herz-Ausstechform (ca. sechs Zentimeter Durchmesser) 24 Kekse ausstechen und mit ausreichendem Abstand auf das Backblech setzen. Im vorgeheizten Backofen 12–14 Minuten knusprig braun backen (sie werden beim Abkühlen noch fester). 5–10 Minuten auf dem Blech, dann auf einem Kuchengitter vollständig abkühlen lassen.

Für die Schokocreme die Crème double in einem Topf erhitzen, aber nicht zum Kochen bringen. Vom Herd nehmen und unter Rühren die gehackte Schokolade zugeben. Die Masse dickt dabei leicht ein. Den Puderzucker und das Kakaopulver dazusieben und unterrühren. Die Mischung 30 Minuten in den Kühlschrank stellen, bis sie fest genug ist, um sie in einen Spritzbeutel zu füllen.

Die Hälfte der Kekse umdrehen und die Schokocreme mithilfe des Spritzbeutels in Kreisen daraufspritzen. Die restlichen Kekse daraufsetzen. Dabei sollte die jeweils schönere Seite nach oben zeigen.

Für die Glasur beide Schokoladensorten im Wasserbad oder in der Mikrowelle unter Rühren schmelzen. Auf jeden Keks etwa einen Teelöffel geschmolzene Schokolade geben und mit der Rückseite des Löffels verstreichen.

Ab in die Tiefkühltruhe!
Die fertig gebackenen Kekse lassen sich sehr gut einfrieren. Nach dem Auftauen brauchen Sie sie dann nur noch mit der Creme zu füllen.

Dreierlei-Schokoladen-Plätzchen

Ergibt: 12 Stück
Zubereitungszeit: ca. 35 Minuten (plus Zeit zum Abkühlen)
Haltbarkeit: luftdicht verpackt 7 Tage, gut einzufrieren
Kompost: Eierschalen

150 g glutenfreies Hafermehl
125 g kalte Butter, gewürfelt
115 g Zucker
115 g glutenfreie Haferflocker
1 Ei
1 TL glutenfreies Backpulver
1 TL Vanilleextrakt
100 g dunkle Schokolade, gehackt
100 g Vollmilchschokolade, gehackt
100 g weiße Schokolade, gehackt
Tapiokamehl zum Bestauben

GLASUR
115 g dunkle Schokolade, gehackt
55 g Butter

Diese ultraschokoladigen Plätzchen haben bei unseren Fans und Kunden längst Kultstatus erreicht.

Den Backofen auf 180 °C vorheizen. Ein Backblech mit Backpapier auslegen.

Das Hafermehl, die Butter, den Zucker, die Haferflocken, das Ei, das Backpulver und den Vanilleextrakt in einer Rührschüssel mit dem Rührgerät auf niedriger Stufe zu einem groben Teig verarbeiten. Mit einem Teigspachtel die drei Sorten gehackte Schokolade einrühren.

Hände und Arbeitsfläche großzügig mit Tapiokamehl bestauben. Den Teig behutsam kneten und dann in zwölf gleich große Portionen teilen. Diese zu Kugeln formen und mit ausreichendem Abstand auf das Backblech setzen, da der Teig beim Backen etwas auseinanderläuft. Jede Teigkugel mit der Hand zu einer etwa einen Zentimeter dicken Scheibe flach drücken.

Im vorgeheizten Backofen 15 Minuten backen, bis die Plätzchen auf der Oberseite goldgelb und auf der Unterseite goldbraun sind, die Unterseite mit einem Pfannenwender nach 13 Minuten kontrollieren. 5–10 Minuten auf dem Blech, dann auf einem Kuchengitter abkühlen lassen.

Für die Glasur die gehackte dunkle Schokolade und die Butter im Wasserbad oder in der Mikrowelle unter Rühren schmelzen. Die Glasur mit einem Löffel über die fertigen Kekse träufeln.

Öfter mal etwas Neues

Anstatt die Kekse mit der Schokoladenglasur zu beträufeln, können Sie sie auch jeweils zur Hälfte hineintauchen.

Ingwer-Zitronen-Knusperplätzchen

70 g eingelegte Ingwerstäbchen
(Abtropfgewicht), plus 2 EL abgetropfte
Ingwerstäbchen, gehackt, zur Dekoration
4 Eiweiß
400 g Vanillezucker (siehe Seite 11)
200 g Mandeln, gemahlen
200 g Haselnüsse, gemahlen
1 TL Zitronenöl
2 TL Lemon Curd
Abrieb (fein) von 2 unbehandelten Zitronen
4 EL Puderzucker, plus etwas zum Bestauben

Dies ist eine Variation unserer Amondi-Plätzchen (siehe Seite 130), bei der die Süße ganz wunderbar durch Ingwer und Zitrone ausbalanciert wird. Dazu passt eine schöne Tasse Lemongras-Tee.

Den Backofen auf 180 °C vorheizen. Ein Backblech mit Backpapier auslegen. Die Ingwerstäbchen in der Küchenmaschine fein hacken.

Die Eiweiße in einer großen Rührschüssel mit dem Rührgerät steif schlagen. Den Zucker, die Mandeln, die Haselnüsse, das Zitronenöl, den Lemon Curd und den Zitronenabrieb hinzufügen und alles auf niedriger Stufe zu einem weichen Teig verarbeiten.

Die Hände mit Puderzucker bestauben und den Teig in 14 gleich große Portionen teilen. Diese zu Kugeln formen, in Puderzucker wälzen und mit ausreichendem Abstand auf das Backblech setzen, da der Teig beim Backen etwas auseinanderläuft. Jede Teigkugel mit der Hand zu einer etwa einen Zentimeter dicken Scheibe flach drücken.

Mit der Fingerspitze eine Vertiefung in jedes Plätzchen drücken und ⅓ Teelöffel gehackten Ingwer hineingeben.

Im vorgeheizten Backofen 14–16 Minuten backen, bis die Plätzchen auf der Oberseite goldgelb und auf der Unterseite goldbraun sind (die Unterseite mithilfe eines Pfannenwenders nach 14 Minuten kontrollieren). 5–10 Minuten auf dem Blech, dann auf einem Kuchengitter abkühlen lassen.

Ergibt: 14 Stück
Zubereitungszeit:
ca. 35 Minuten
(plus Zeit zum Auskühlen)
Haltbarkeit: luftdicht verpackt
7 Tage, gut einzufrieren
Kompost: Eierschalen

Ingwer-Zitronen-Brösel
Diese aromatischen Plätzchen eignen sich auch hervorragend zur Verfeinerung von Desserts. Dazu die Plätzchen einfach 25–30 Minuten goldbraun und sehr knusprig backen. Auskühlen lassen und dann in der Küchenmaschine zu Bröseln hacken. Luftdicht verpackt in der Tiefkühltruhe aufbewahren.

Amondi-Plätzchen

laktosefrei
Ergibt: 14 Stück
Zubereitungszeit:
ca. 35 Minuten
(plus Zeit zum Auskühlen)
Haltbarkeit: luftdicht verpackt bis zu 7 Tage, gut einzufrieren
Kompost: Eierschalen

Diese Plätzchen sind unsere Interpretation der italienischen Amaretti. Bei der Zusammenstellung dieses Buchs sind uns einige von Haus aus glutenfreie Zutaten wie Leinsamen und Sorghum-Mehl besonders ans Herz gewachsen, und beide funktionieren ganz wunderbar in Kombination mit gemahlenen Mandeln. Sie machen den Teig lockerer und gleichen den hohen Fettgehalt der Nüsse aus. Also haben wir diese neue Amondi-Variante um Leinsamenmehl ergänzt.

4 Eiweiß
400 g Mandeln, gemahlen
280 g Zucker
50 g Leinsamenmehl
1 EL Orangenöl
Abrieb (fein) von 2 unbehandelten Orangen
4 EL Puderzucker
14 ganze Mandeln

Den Backofen auf 180 °C vorheizen. Ein Backblech mit Backpapier auslegen.

Die Eiweiße in einer großen Rührschüssel mit dem Rührgerät steif schlagen. Die gemahlenen Mandeln, den Zucker, das Leinsamenmehl, das Orangenöl und den Orangenabrieb hinzufügen und alles auf niedriger Stufe zu einem klebrigen Teig verarbeiten.

Die Hände mit Puderzucker bestauben und den Teig in 14 gleich große Portionen teilen. Diese zu Kugeln formen, in Puderzucker wälzen und mit ausreichendem Abstand auf das Backblech setzen, da der Teig beim Backen etwas auseinanderläuft. Jede Teigkugel mit der Hand zu einer etwa einen Zentimeter dicken Scheibe flach drücken. In die Mitte jeder Scheibe eine ganze Mandel drücken.

Im vorgeheizten Backofen 15–18 Minuten backen, bis die Plätzchen auf der Oberseite goldgelb und auf der Unterseite goldbraun sind (die Unterseite mithilfe eines Pfannenwenders nach 15 Minuten kontrollieren). 5–10 Minuten auf dem Blech, dann auf einem Kuchengitter abkühlen lassen. Ausgekühlt sollten die Plätzchen etwas Biss haben, aber nicht zu knusprig sein.

Ab in die Tiefkühltruhe!
Backen Sie einfach die doppelte Menge dieser vielseitigen Plätzchen und frieren Sie die überschüssigen ein. Sie kommen auch in anderen Rezepten zum Einsatz, etwa im Schokoschock auf Seite 95 und im Früchtekuchen »Bumble Barrow« auf Seite 20.

Würzige Ingwer-Rosinen-Plätzchen

Ergibt: 12 Stück
Zubereitungszeit:
ca. 35 Minuten
(plus Zeit zum Abkühlen)
Haltbarkeit: luftdicht
verpackt 5 Tage, Plätzchen
und Rohteig sind gut
einzufrieren
Kompost: Eierschalen

115 g eingelegte Ingwerstäbchen
  (Abtropfgewicht)
100 g Rosinen
1 Ei
150 g Leinsamenmehl
125 g kalte Butter, gewürfelt
115 g Zucker
115 g glutenfreie Haferflocken
40 g glutenfreies Hafermehl
1 TL glutenfreies Backpulver
1 TL Vanilleextrakt
Tapiokamehl zum Bestauben

Wenn Sie Ingwer mögen, werden Sie diese Plätzchen lieben!

Den Backofen auf 180 °C vorheizen. Ein Backblech mit Backpapier auslegen. Die Ingwerstäbchen in der Küchenmaschine fein hacken.

Alle Zutaten (bis auf das Tapiokamehl) in einer großen Rührschüssel mit dem Rührgerät auf niedriger Stufe zu einem relativ klebrigen, feuchten Teig verarbeiten.

Hände und Arbeitsfläche großzügig mit Tapiokamehl bestauben. Den Teig behutsam kneten und dann in zwölf gleich große Portionen teilen. Diese zu Kugeln formen und mit ausreichendem Abstand auf das Backblech setzen, da der Teig beim Backen etwas auseinanderläuft. Jede Teigkugel mit der Hand zu einer etwa einen Zentimeter dicken Scheibe flach drücken.

Im vorgeheizten Backofen 15–17 Minuten backen, bis die Plätzchen auf der Oberseite goldgelb und auf der Unterseite goldbraun sind (die Unterseite mithilfe eines Pfannenwenders nach 15 Minuten kontrollieren). 5–10 Minuten auf dem Blech, dann auf einem Kuchengitter abkühlen lassen.

Öfter mal etwas Neues
Aus dem gleichen Teig können Sie auch köstlich gefüllte Plätzchen herstellen. Dazu den Teig in 24 Portionen teilen und diese zu kleineren Plätzchen formen. Die Backzeit reduziert sich dadurch um etwa 5 Minuten. Dann je zwei der Plätzchen mit einer Creme aus Mascarpone und fein gehacktem eingelegtem Ingwer füllen und zusammensetzen.

Schokoladen-Erdnussbutter-Plätzchen

1 Ei
150 g Kastanienmehl
125 g kalte Butter, gewürfelt
115 g Zucker
115 g Erdnussbutter (crunchy)
115 g glutenfreie Haferflocken
1 TL glutenfreies Backpulver
1 TL Vanilleextrakt
¼ TL Salz
150 g Vollmilchschokolade, grob gehackt
Tapiokamehl zum Bestauben

Diese Plätzchen gelingen kinderleicht und machen unweigerlich süchtig. Zur Abwechslung kann man aus dem Teig auch kleinere Plätzchen backen und jeweils zwei mit einer Füllung aus Erdnussbutter und geschmolzener Schokolade zusammensetzen.

Den Backofen auf 180 °C vorheizen. Ein Backblech mit Backpapier auslegen.

Das Ei, das Kastanienmehl, die Butter, den Zucker, die Erdnussbutter, die Haferflocken, das Backpulver, den Vanilleextrakt und das Salz in einer großen Rührschüssel mit dem Rührgerät auf niedriger Stufe zu einem Teig verarbeiten. Mit einem Teigspachtel die Schokoladenstückchen unterrühren.

Hände und Arbeitsfläche großzügig mit Tapiokamehl bestauben. Den Teig behutsam kneten und dann in zwölf gleich große Portionen teilen. Diese zu Kugeln formen und mit ausreichendem Abstand auf das Backblech setzen, da der Teig beim Backen etwas auseinanderläuft. Jede Teigkugel mit der Hand zu einer etwa einen Zentimeter dicken Scheibe flach drücken.

Im vorgeheizten Backofen 12–15 Minuten backen, bis die Plätzchen auf der Oberseite goldgelb und auf der Unterseite goldbraun sind (die Unterseite mithilfe eines Pfannenwenders nach 15 Minuten kontrollieren). 5–10 Minuten auf dem Blech, dann auf einem Kuchengitter abkühlen lassen.

Ergibt: 12 Stück
Zubereitungszeit: ca. 30 Minuten (plus Zeit zum Abkühlen)
Haltbarkeit: luftdicht verpackt 5 Tage, gut einzufrieren
Kompost: Eierschalen

Das gewisse Etwas
Um den Genuss noch zu steigern, können Sie die Plätzchen zusätzlich in geschmolzene Vollmilchschokolade tauchen.

Pistazienplätzchen

100 g Pistazienkerne, geröstet
20 g Rohrohrzucker
½ TL Salz
3–4 TL flüssiger Honig

DEKORATION
2 gefriergetrocknete Himbeeren

Bei diesen gluten- und laktosefreien Plätzchen muss ich immer an faule Urlaubstage in Griechenland denken. Sie gelingen ganz leicht und schnell und passen hervorragend zu Limonade oder Kaffee in geselliger Runde im Garten.

Den Backofen auf 180 °C vorheizen. Ein Backblech mit Backpapier auslegen.

Die abgekühlten Pistazienkerne in der Küchenmaschine zusammen mit dem Zucker, dem Salz und drei Teelöffeln Honig zu feinen Bröseln verarbeiten. Bei Bedarf noch einen Teelöffel Honig dazugeben, je nach Fettgehalt der Pistazien. Die Masse sofort weiterverarbeiten, da die Nüsse sonst den Honig aufsaugen und die Mischung zu trocken wird.

Den Teig in etwa 20 gleich große Portionen teilen. Diese zu Kugeln formen und mit ausreichendem Abstand auf das Backblech setzen, da der Teig beim Backen etwas auseinanderläuft. Jede Teigkugel mit der Hand zu einer etwa fünf Millimeter dicken Scheibe flach drücken. Im vorgeheizten Backofen 5–6 Minuten goldgelb backen.

Für die Dekoration die gefriergetrockneten Himbeeren mit einer Gabel zerdrücken und die noch warmen Kekse damit bestreuen. Die Himbeerbrösel leicht andrücken. Noch warm genießen.

laktosefrei
Ergibt: 20 Stück
Zubereitungszeit:
ca. 25 Minuten
Haltbarkeit: luftdicht verpackt
(ohne Himbeerbrösel)
bis zu 5 Tage, gut einzufrieren

Das gewisse Etwas
Sie können die vollständig ausgekühlten Kekse zusätzlich zur Hälfte in laktosefreie, geschmolzene dunkle Schokolade tauchen.

Doppelkekse mit Vanillecreme

Ergibt: 16 Stück
Zubereitungszeit: ca. 45 Minuten (plus Kühlzeit)
Haltbarkeit: luftdicht verpackt 7 Tage, gut einzufrieren
Kompost: Eierschalen

150 g weiche Butter, gewürfelt
150 g extrafeiner Zucker
150 g Maisgrieß
150 g Mandeln, gemahlen
100 g Vanillepuddingpulver
1 Ei
½ TL Vanilleextrakt
Tapiokamehl zum Bestauben

VANILLECREME
250 g weiche Butter, gewürfelt
100 g Puderzucker
2 EL Vanillepuddingpulver
½ TL Vanilleextrakt

DEKORATION
1–2 EL Puderzucker, gesiebt

Doppelkekse mit Vanillecreme sind ein britischer Klassiker – hier kommt die sagenhafte glutenfreie Variante.

Den Backofen auf 180 °C vorheizen. Zwei Backbleche mit Backpapier auslegen.

Die Butter, den Zucker, den Maisgrieß, die Mandeln, das Puddingpulver, das Ei und den Vanilleextrakt in einer großen Rührschüssel mit dem Rührgerät auf niedriger Stufe zu einem weichen Teig verarbeiten.

Hände, Teigrolle und Arbeitsfläche leicht mit Tapiokamehl bestauben. Den Teig behutsam kneten und dann etwa fünf Millimeter dick ausrollen. Mit einer Herz-Ausstechform (ca. sechs Zentimeter Durchmesser) 24 Plätzchen ausstechen und mit ausreichendem Abstand auf das Backblech setzen, da der Teig beim Backen auseinanderläuft.

Im vorgeheizten Backofen 12–14 Minuten goldgelb backen (die Kekse werden beim Abkühlen noch fester). 5–10 Minuten auf dem Blech, dann auf einem Kuchengitter abkühlen lassen.

Für die Vanillecreme die Butter in eine Rührschüssel geben. Den Puderzucker und das Vanillepuddingpulver daraufsieben, den Vanilleextrakt hinzufügen und alles mit dem Rührgerät auf mittlerer Stufe zu einer glatten Creme verschlagen. 30 Minuten in den Kühlschrank stellen.

Die gekühlte Masse in einen Spritzbeutel mit kleiner, sternförmiger Tülle füllen. Die Hälfte der Kekse umdrehen und die Vanillecreme mithilfe des Spritzbeutels in Kreisen daraufspritzen. Die restlichen Kekse daraufsetzen, dabei sollte die schönere Seite nach oben zeigen.

Zum Dekorieren die Kekse mit Tortenspitze als Schablone abdecken und mit Puderzucker bestauben.

Ab in die Tiefkühltruhe!
Backen Sie gleich die doppelte Menge Kekse und zermahlen Sie sie in der Küchenmaschine zu Bröseln. Die lassen sich gut einfrieren und können später zur Herstellung des Bodens für die Orangen-Schoko-Schnitten (siehe Seite 96) oder andere Kühlschrankkuchen verwendet werden.

Mitternachtsplätzchen

Ergibt: 12 Stück
Zubereitungszeit: ca. 35 Minuten
Haltbarkeit: luftdicht verpackt 7 Tage, gut einzufrieren
Kompost: Eierschalen

1 Ei
150 g glutenfreies Hafermehl
125 g kalte Butter, gewürfelt
115 g Zucker
115 g glutenfreie Haferflocken
1 EL hochwertige Orangenmarmelade
1 TL glutenfreies Backpulver
1 TL Vanilleextrakt
1 Prise Salz
Abrieb (fein) von 1 unbehandelten Orange
115 g dunkle Schokolade, grob gehackt
Tapiokamehl zum Bestauben

GLASUR
150 g dunkle Schokolade, gehackt
1 EL Olivenöl

Als Honeybuns noch in den Kinderschuhen steckte, wurde bei uns in der Backstube oft bis spät in die Nacht gearbeitet. Diese köstlichen Orangen-Schoko-Plätzchen sorgten zusammen mit doppelten Latte macchiatos dafür, dass wir wach blieben.

Den Backofen auf 180 °C vorheizen. Ein Backblech mit Backpapier auslegen.

Das Ei, das Hafermehl, die Butter, den Zucker, die Haferflocken, die Marmelade, das Backpulver, den Vanilleextrakt, das Salz und den Orangenabrieb in einer großen Rührschüssel mit dem Rührgerät auf niedriger Stufe zu einem groben Teig verarbeiten. Mit einem Teigspachtel die Schokoladenstückchen unterrühren.

Hände und Arbeitsfläche großzügig mit Tapiokamehl bestauben. Den Teig in zwölf gleich große Portionen teilen. Sollte er zu stark kleben, einen Esslöffel zu Hilfe nehmen. Die Teigportionen zu Kugeln formen und mit ausreichendem Abstand auf das Backblech setzen, da der Teig beim Backen etwas auseinanderläuft. Jede Teigkugel mit der Hand zu einer etwa einen Zentimeter dicken Scheibe flach drücken.

Im vorgeheizten Backofen 13–15 Minuten backen, bis die Kekse auf der Oberseite goldgelb und auf der Unterseite goldbraun sind (die Unterseite mithilfe eines Pfannenwenders nach 15 Minuten kontrollieren). 5–10 Minuten auf dem Blech, dann auf einem Kuchengitter abkühlen lassen.

Für die Glasur die Schokolade mit dem Olivenöl im Wasserbad oder in der Mikrowelle unter Rühren schmelzen. Jedes Plätzchen zur Hälfte in die Schokolade tauchen und auf Backpapier trocknen lassen.

Das gewisse Etwas
Besonders hübsch sehen die Kekse aus, wenn man sie zusätzlich mit kandierten Orangen (siehe Seite 102) dekoriert.

Zuckerjuwelen

SHORTBREAD

140 g kalte Butter, gewürfelt
60 g Puderzucker
60 g Maisstärke
60 g Mandeln, gemahlen
40 g Sorghum-Mehl
20 g braunes Reismehl
Tapiokamehl zum Bestauben

ZUCKERGUSS

25 g Himbeeren
Saft von 1 Zitrone
250–300 g Puderzucker, gesiebt
25 g Schwarze Johannisbeeren
getrocknete Lavendelblüten und
   Rosenblätter

Diese kleinen Happen sehen toll aus und schmecken himmlisch. Ihr Shortbread-Boden zergeht regelrecht auf der Zunge. Wir haben uns so manchen Mädels-Kaffeeklatsch mit diesen unwiderstehlichen Kostbarkeiten sowie Schoko- und Vanille-Doppelkeksen versüßt, angerichtet auf einem altmodischen Gebäckständer.

Den Backofen auf 170 °C vorheizen. Ein Backblech mit Backpapier auslegen.

Die Butter, den Puderzucker, die Maisstärke, die gemahlenen Mandeln, das Sorghum-Mehl und das Reismehl in der Küchenmaschine zu einem weichen, leicht formbaren Teig verarbeiten. Den Teig in Frischhaltefolie wickeln und 30 Minuten in den Kühlschrank geben.

Hände, Teigrolle und Arbeitsfläche großzügig mit Tapiokamehl bestauben und den Teig etwa einen Zentimeter dick ausrollen. Eine runde Ausstechform (ca. vier Zentimeter Durchmesser) in Tapiokamehl tauchen und damit Kreise ausstechen. Diese mit ausreichendem Abstand auf das Backblech setzen, da der Teig beim Backen auseinanderläuft.

Im vorgeheizten Backofen 7–8 Minuten backen, bis die Plätzchen an den Rändern goldgelb sind. 5–10 Minuten auf dem Blech, dann auf einem Kuchengitter abkühlen lassen.

Für die Dekoration empfehlen wir zwei bunte Zuckergussvarianten:

Für den Himbeerguss die Himbeeren durch ein feines Sieb streichen und den Saft in einer Schüssel auffangen. Für maximale Saftigkeit die Himbeeren zuvor 30 Sekunden auf höchster Stufe in die Mikrowelle stellen. Den Himbeersaft mit dem Saft von einer halben Zitrone vermischen und mit einem Schneebesen etwa 125 Gramm Puderzucker einrühren, bis der Zuckerguss relativ steif ist.

Mit den Schwarzen Johannisbeeren in einer zweiten Schüssel ebenso verfahren.

Den Zuckerguss in einen Spritzbeutel mit kleiner, sternförmiger Tülle füllen und kleine Sterne und Kreise auf die Shortbread-Böden spritzen. Mit Lavendelblüten und Rosenblättern dekorieren, solange der Guss noch weich ist.

Tipp

Normalerweise laufen diese Plätzchen beim Backen etwas auseinander, haben also keinen ganz glatten Rand. Dem kann man bei Bedarf entgegenwirken, indem man den ausgerollten Teig etwa 8–10 Minuten am Stück backt und erst anschließend die gewünschten Formen aussticht.

Ergibt: 40–50 Stück
Zubereitungszeit:
ca. 40 Minuten
(plus Kühlzeit)
Haltbarkeit: luftdicht
verpackt 7 Tage,
gut einzufrieren
Kompost: Obstabfälle

Desserts & Festliches

Pfirsich-Mandel-Tarte mit Baiserhaube

laktosefrei
Für: 1 Tarteform mit
Hebeboden (24 cm Ø)
Zubereitungszeit:
ca. 80 Minuten
Haltbarkeit: noch am gleichen
Tag verzehren
Kompost: Eierschalen

MANDELBODEN

3 EL Mandelöl, plus etwas für die Form
85 g Tapiokamehl, plus etwas für die Form
250 g Amondi-Plätzchen (etwa 4 Stück,
  siehe Seite 130) oder Amaretti
1 Ei
1 Eigelb, verquirlt

PFIRSICHKOMPOTT

4 Pfirsiche, entsteint und geachtelt
5 EL flüssiger Honig
Abrieb und Saft von 1 unbehandelten
  Zitrone
1–2 EL Zimtzucker

BAISERHAUBE

3 Eiweiß
1 TL Vanilleextrakt
85 g Zucker
1–2 EL ganze Mandeln (mit Schale) oder
  Haselnüsse, oder beides

Für diese Tarte können Sie nach Herzenslust die Obstschale plündern. Statt mit Pfirsichen schmeckt sie nämlich auch mit Nektarinen, Pflaumen oder Birnen ganz wunderbar.

Den Backofen auf 180 °C vorheizen. Die Tarteform mit Mandelöl einfetten und mit Tapiokamehl bestauben.

Die Amondi-Plätzchen in der Küchenmaschine zu Bröseln zermahlen. Das Mandelöl, das Ei und und das Tapiokamehl hinzufügen und alles zu einem weichen, leicht formbaren Teig verarbeiten.

Hände und Arbeitsfläche großzügig mit Tapiokamehl bestauben. Den Teig kurz durchkneten und zu einer Kugel formen. Auf die Größe der Tarteform ausrollen, hineinlegen und mit den Händen andrücken, dabei den Teig an den Rändern etwas hochziehen. Es macht nichts, wenn er nicht ganz gleichmäßig ist. Im vorgeheizten Backofen 10 Minuten goldbraun backen. Mit dem verquirlten Eigelb bepinseln und weitere 2 Minuten backen. In der Form auf einem Kuchengitter abkühlen lassen.

Für das Pfirsichkompott die Pfirsichstücke mit dem Honig, dem Zitronenabrieb und dem -saft in eine Auflaufform geben. Alles gut vermischen und großzügig mit Zimtzucker bestreuen. Im vorgeheizten Backofen 20 Minuten garen, bis die Mischung beginnt Blasen zu werfen. Die Pfirsiche durch ein Sieb abgießen, dabei die Garflüssigkeit auffangen und beiseite stellen. Die Hälfte der Pfirsiche in der Küchenmaschine pürieren. Den Mandelboden mit dem Püree bestreichen. Die restlichen Pfirsiche auf der Püreeschicht verteilen.

Für die Baiserhaube die Eiweiße in einer großen, sauberen Rührschüssel mit dem Rührgerät steif schlagen. Unter ständigem Schlagen zunächst den Vanilleextrakt, dann portionsweise den Zucker hinzufügen. Weiterschlagen, bis die Masse steif und glänzend ist.

Die Eischneemasse auf die Pfirsiche geben. Besonders hübsch sehen grobe Spitzen aus. Die Haube mit den Mandeln bestreuen und alles 10 Minuten backen, bis die Spitzen eine hellbraune Farbe angenommen haben. Mit der zurückbehaltenen Pfirsichsauce beträufeln und servieren.

Weitere Desserts mit dem Mandelboden

Backen Sie gleich mehrere dieser Tarteböden und frieren Sie sie ein. Sie eignen sich hervorragend für die Flammeri-Pie mit Johannisbeeren auf Seite 158, die Himbeertörtchen mit zweierlei Schokolade (Seite 106) oder eine ganz neue eigene Kreation.

Festtags-Trifles

FRUCHTKOMPOTT

1 großer Pfirsich, entsteint und geachtelt

2 Aprikosen, entsteint und geviertelt

Saft von ½ Limette

3 EL flüssiger Honig

1 EL Rohrohrzucker

HIMBEERSAUCE

150 g Himbeeren

2 EL Puderzucker, gesiebt

Saft von ½ Limette

VANILLEPUDDING

10 Eigelb

150 g extrafeiner Zucker

Mark von 1 Vanilleschote

570 ml Vollmilch

2 EL Maisstärke

250 g Amondi-Plätzchen (etwa 4 Stück, siehe
    Seite 130) oder Amaretti, grob zerkleinert

150 g Schokoladen-Nuss-Kuchen mit
    Cranberrys (siehe Seite 42), grob
    zerkleinert

1 EL Amaretto

150 g Himbeeren

150 g Erdbeeren, geviertelt

200 g Crème double

100 g dunkle Schokolade

8 g kandierte Kirschen, Bioqualität

Ergibt: 8 Portionen
Zubereitungszeit:
ca. 70 Minuten
(plus Kühlzeit)
Haltbarkeit: gekühlt 2 Tage
Kompost: Eierschalen,
Obstabfälle

Diese Trifles wirken ein bisschen wie ein Relikt aus den 1970er-Jahren, aber lassen Sie sich nicht täuschen. Wir haben das britische Traditionsdessert ganz zeitgemäß neu interpretiert: Mit viel frischem Obst und einem Schuss Amaretto wird es zu einer modernen Verführung. Es lohnt sich, die Vanillecreme selbst zu machen. Das ist Genuss auf höchstem Niveau – im schicken Retro-Outfit!

Den Backofen auf 180 °C vorheizen. Für das Fruchtkompott die Pfirsich- und Aprikosenstücke mit dem Limettensaft, dem Honig und dem Rohrohrzucker in eine Auflaufform geben und alles gut vermischen. Im vorgeheizten Backofen 20 Minuten garen, bis die Mischung beginnt, Blasen zu werfen. Das Obst durch ein Sieb abgießen, dabei die Garflüssigkeit auffangen. Beides beiseite stellen.

Für die Himbeersauce die Himbeeren mit dem Puderzucker und dem Limettensaft mit einer Gabel zerdrücken, dann mit der Rückseite eines Löffels durch ein Sieb streichen. Kerne und Fruchtfleisch entsorgen und die Sauce nach Belieben mit Zucker abschmecken. Sie sollte allerdings ein relativ säuerliches Aroma behalten.

Für den Vanillepudding die Eigelbe mit dem Zucker und dem Vanillemark in einer Rührschüssel mit dem Rührgerät cremig schlagen. Die Milch langsam bis kurz vor dem Siedepunkt erhitzen. Vom Herd nehmen und portionsweise vorsichtig mit einem Schneebesen unter die Ei-Zucker-Masse rühren. Sollte der Pudding nicht fest genug sein, etwas in Wasser gelöste Maisstärke hinzufügen. Dazu den Pudding erneut erhitzen und nach Bedarf die Maisstärkelösung einrühren. 1 Minute sanft köcheln lassen. Den Pudding vom Herd nehmen und etwas abkühlen lassen, dann zugedeckt in den Kühlschrank stellen.

Nun die Trifles schichten: Die Plätzchen- und Kuchenstücke gleichmäßig auf acht Dessertschalen verteilen und mit Amaretto beträufeln. Das Fruchtkompott, die Himbeeren und die Erdbeeren daraufsetzen, dann alles mit der Kompott-Garflüssigkeit übergießen. Etwa sechs Esslöffel Himbeersauce auf alle Schalen verteilen und die Gefäße mit 500 Millilitern Vanillepudding auffüllen.

Die Crème double mit dem Rührgerät steif schlagen und löffelweise auf die Desserts geben. Die dunkle Schokolade darüberreiben und jede Portion mit einer kandierten Kirsche dekorieren.

Ab in die Tiefkühltruhe!

Die Amondi-Plätzchen und der Schokoladen-Nuss-Kuchen lassen sich gut im Voraus backen und dann einfrieren. Ganz nach Geschmack können Sie aber auch jede andere Kuchen- oder Kekssorte verarbeiten, je nachdem, was Speisekammer oder Tiefkühltruhe gerade zu bieten haben.

Pfirsich-Aprikosen-Tarte

MÜRBETEIG
- 40 g kalte Butter, gewürfelt, plus etwas für die Form
- 60 g Walnüsse, gemahlen
- 35 g Puderzucker
- 25 g Sorghum-Mehl
- 25 g Tapiokamehl, plus etwas zum Bestauben
- ½ TL glutenfreies Backpulver
- 1 kleines Eigelb
- ⅓ TL Vanilleextrakt
- 2–4 TL Vollmilch
- 1 EL flüssiger Honig zum Bestreichen
- 1 EL brauner Vanillezucker (siehe Seite 11) zum Bestreuen

PFIRSICH-APRIKOSEN-BELAG
- 2 Aprikosen, entsteint und geviertelt
- 2 Pfirsiche, entsteint und geachtelt
- 3 EL flüssiger Honig
- Saft von 1 Zitrone

CREME
- 1 Ei und zusätzlich 1 Eigelb
- 25 g extrafeiner Zucker
- 150 g Crème double

Für: 1 runde Tarteform mit Hebeboden (24 cm Ø)
Zubereitungszeit: ca. 90 Minuten (plus Kühlzeit)
Haltbarkeit: gekühlt bis zu 3 Tage, lässt sich gut einfrieren
Kompost: Eierschalen, Obstabfälle

Diese Tarte schmeckt einfach nach Sommer (und sieht auch so aus). Deshalb eignet sie sich perfekt für eine Mahlzeit im Freien. Wenn Sie weiches Obst wie Beeren verwenden, brauchen Sie dieses nicht extra vorzugaren.

Die Butter, die Walnüsse, den Puderzucker, das Sorghum-Mehl, das Tapiokamehl und das Backpulver in der Küchenmaschine zu einer streuseligen Masse verarbeiten. Zunächst das Eigelb und den Vanilleextrakt, dann nach und nach die Milch dazugeben und alles zu einem glatten Teig verarbeiten (eventuell wird nicht die gesamte Milch benötigt). In Frischhaltefolie wickeln und 1 Stunde in den Kühlschrank geben.

Den Backofen auf 180 °C vorheizen. Eine Tarteform mit Butter einfetten und mit Backpapier auslegen. Hände und Arbeitsfläche großzügig mit Tapiokamehl bestauben. Den Teig kurz durchkneten und zu einer Kugel formen. Mit den Händen in die Tarteform drücken, dabei an den Rändern hochziehen. Gleichmäßig mit einer Gabel einstechen und im vorgeheizten Backofen 16–18 Minuten goldbraun backen. Den Honig anwärmen und den Boden damit bestreichen. Abkühlen lassen.

Für den Belag die Aprikosen- und die Pfirsichstücke mit dem Honig und dem Zitronensaft in einer Auflaufform gründlich vermischen. Im vorgeheizten Backofen 20 Minuten garen, bis die Mischung beginnt Blasen zu werfen. Die Fruchtstücke durch ein Sieb abgießen, dabei die Garflüssigkeit auffangen. Beiseite stellen.

Für die Creme das Ei und das Eigelb mit dem Zucker in einer Schüssel mit dem Rührgerät cremig schlagen. Die Crème double in einem Topf langsam bis kurz vor dem Siedepunkt erhitzen. Vom Herd nehmen und portionsweise mit einem Schneebesen vorsichtig unter die Ei-Zucker-Masse rühren. Beiseite stellen.

Die Fruchtstücke auf dem Mürbeteigboden verteilen und mit der Garflüssigkeit beträufeln. Die Creme darüber verteilen, bis der obere Rand des Tartebodens erreicht ist, dann mit Vanillezucker bestreuen. Im Backofen 10–12 Minuten backen, bis die Oberfläche sich verfestigt und goldgelb gefärbt hat, der Belag aber noch eine puddingartige Konsistenz hat. Abkühlen lassen, dann vorsichtig aus der Form lösen und auf eine Servierplatte heben.

Das gewisse Etwas
Zu diesem Dessert passt wunderbar ein Klecks Crème fraîche, verschlagen mit einem Esslöffel Amaretto oder ein, zwei Tropfen Vanilleextrakt.

Erdbeer-Cobbler

Für: 1 runde Tarteform mit Hebeboden (24 cm Ø)
Zubereitungszeit: ca. 60 Minuten (plus Kühlzeit)
Haltbarkeit: gekühlt bis zu 3 Tage, lässt sich gut einfrieren
Kompost: Eierschalen

SHORTBREAD

100 g kalte Butter, geraspelt, plus etwas für die Form
50 g Puderzucker
50 g Maisstärke
25 g Sorghum-Mehl
15 g braunes Reismehl
50 g Mandeln, gemahlen
½ EL Vollmilch (nach Belieben)
Tapiokamehl zum Bestauben
1 Eigelb, verquirlt
8–9 EL Erdbeerkonfitüre (mit Fruchtstücken)

TEIGDECKEL

125 g Mandeln, gemahlen
15 g Tapiokamehl, plus etwas zum Bestauben
20 g Rohrohrzucker
¾ TL glutenfreies Backpulver
½ TL Natron
1 Prise Salz
1 Ei
1 EL Mandelöl
½ TL Vanilleextrakt
1–2 EL Vollmilch zum Bestreichen
1–2 EL brauner Vanillezucker (siehe Seite 11) zum Bestreuen

Dieses Rezept verdanke ich einem glücklichen Zufall: Wir hatten noch etwas Shortbread-Teig übrig, und ich hatte gerade ein paar süße Scones gebacken. Da kam mir der Gedanke, dass beides eigentlich gut zusammenpassen würde.

Die Tarteform mit Butter einfetten.

Für den Shortbread-Boden die Butter, den Puderzucker, die Maisstärke, das Sorghum-Mehl, das Reismehl und die Mandeln in der Küchenmaschine zu einem weichen Teig verarbeiten. Je nach Konsistenz bei Bedarf etwas Milch oder Tapiokamehl zugeben. Den Teig in Frischhaltefolie wickeln und 1 Stunde in den Kühlschrank geben. Den Backofen auf 180 °C vorheizen.

Hände und Arbeitsfläche großzügig mit Tapiokamehl bestauben. Den Teig kurz durchkneten und mit den Händen in die Tarteform drücken, dabei an den Rändern hochziehen.

Den Boden mehrmals mit einer Gabel einstechen und im vorgeheizten Backofen 15 Minuten backen. Mit dem verquirlten Eigelb bestreichen und weitere 2 Minuten backen. In der Form auf einem Kuchengitter abkühlen lassen, dann mit Erdbeerkonfitüre bestreichen.

Für den Teigdeckel die Mandeln, das Tapiokamehl, den Rohrohrzucker, das Backpulver, das Natron und das Salz in der Küchenmaschine vermischen. Das Ei, das Mandelöl und den Vanilleextrakt hinzufügen und alles zu einem weichen, leicht klebrigen Teig verarbeiten.

Hände und Arbeitsfläche großzügig mit Tapiokamehl bestauben. Den Teig kurz durchkneten, dann etwa fünf Millimeter dick ausrollen. Zu einem Herz formen und dieses auf die Konfitüreschicht legen (das Herz sollte die Konfitüre nicht vollständig bedecken). Den Teigdeckel mit etwas Milch bestreichen und mit Vanillezucker bestreuen. 12–15 Minuten goldbraun backen.

Schwarzwälder Kirschtorte

200 g Butter, plus etwas für die Form

Tapiokamehl für die Form

150 g dunkle Schokolade, gehackt

3 Eier

200 g Zucker

100 g Mandeln, gemahlen

100 g Haselnüsse, gemahlen

50 g Leinsamenmehl

250 g glutenfreie Schattenmorellen aus dem Glas

1 Prise Salz

BELAG

100 g Crème double

125 g Crème fraîche

1 TL Vanilleextrakt

250 g glutenfreie Schattenmorellen aus dem Glas

Für: 1 runde Springform (24 cm Ø)
Zubereitungszeit: ca. 60 Minuten (plus Zeit zum Auskühlen)
Haltbarkeit: gekühlt bis zu 3 Tage, gut einzufrieren
Kompost: Eierschalen

Ich erinnere mich noch, wie mir als Kind in den 70er-Jahren in den Zeitschriften meiner Mutter immer die Reklame für tiefgekühlte Schwarzwälder Kirschtorte ins Auge fiel. Aber als ich die Supermarktvariante dann endlich probierte, schmeckte sie ganz wässerig und fad. Ich habe mich nie so ganz von dieser Enttäuschung erholt. Es blieb mir also nichts anderes übrig, als mir meine eigene Version auszudenken, die bei jedem Bissen nur so vor Kirschgeschmack strotzt.

Den Backofen auf 180 °C vorheizen. Den Boden der Springform mit Backpapier auslegen, dann die Form mit Butter einfetten und mit Tapiokamehl bestäuben.

Die dunkle Schokolade mit der Butter im Wasserbad oder in der Mikrowelle unter Rühren schmelzen.

Die Eier, den Zucker, die Mandeln, die Haselnüsse, das Leinsamenmehl, die Schattenmorellen und das Salz in eine große Schüssel geben. Die Schokoladen-Butter-Masse hinzufügen und alles dem Rührgerät auf mittlerer bis hoher Stufe zu einem glatten Teig verarbeiten.

Den Teig in die Springform füllen und diese einmal kräftig auf der Arbeitsfläche aufschlagen, um eingeschlossene Luftblasen zu entfernen. Im vorgeheizten Backofen 25 Minuten backen, dann mit Backpapier abdecken und weitere 5 Minuten backen. Der Teigboden ist fertig, wenn er auf Druck nachgibt, bei der Garprobe an einem Holzstäbchen aber keine Teigreste mehr kleben bleiben. Aus dem Ofen nehmen und 5–10 Minuten in der Form abkühlen lassen.

Vorsichtig aus der Form lösen und auf einem Kuchengitter vollständig auskühlen lassen.

Für den Belag die Crème double mit der Crème fraîche und dem Vanilleextrakt mit dem Rührgerät auf höchster Stufe steif schlagen. Die Creme in einen Spritzbeutel mit sternförmiger Tülle füllen und die Oberseite der Torte ringsum mit üppigen Sahnetupfen dekorieren. Von der Mitte des Tortenbodens aus Schattenmorellen auf der gesamten Oberfläche verteilen.

Öfter mal etwas Neues

Der Biskuitteig für den Boden schmeckt auch ohne üppigen Belag, nur mit etwas geschmolzener Schokolade beträufelt, absolut köstlich.

Knuspertorte mit Blaubeeren

Ergibt: 8 Portionen
Zubereitungszeit: ca. 30 Minuten
Haltbarkeit: noch am gleichen Tag verzehren, Böden gut einzufrieren
Kompost: Eierschalen

600 g Teig für Ingwer-Zitronen-Knusperplätzchen (siehe Seite 129)
400 g Crème double
200 g Frischkäse (Doppelrahmstufe)
9 EL Lemon Curd
400 g Blaubeeren
Abrieb (fein) von 1 unbehandelten Zitrone
2 EL flüssiger Honig

Dieses fabelhafte Dessert schmeckt mit allen Sorten von weichen Sommerbeeren. Die Knusperplätzchen-Tortenböden sind außen knusprig und innen weich. Alternativ kann man anstelle der drei großen Tortenböden 24 kleine backen und diese zu einzelnen Törtchen zusammensetzen. So oder so ist dieses Dessert schnell gemacht, sieht wunderhübsch aus und schmeckt einfach unwiderstehlich. Aus dem Rezept für die Knusperplätzchen erhält man doppelt so viel Teig wie hier benötigt, Sie können also entweder zusätzlich noch ein paar Plätzchen backen oder den übrigen Teig zur späteren Verwendung einfrieren.

Den Backofen auf 180 °C vorheizen. Vier Blätter Backpapier in der Größe eines Backblechs zurechtschneiden.

Den Plätzchenteig in drei gleich große Portionen teilen. Die erste Portion auf ein Backpapierblatt geben und mit einer zweiten Lage abdecken. Den Teig zwischen den beiden Backpapierlagen mit einer Teigrolle zu einer etwa fünf Millimeter dünnen Platte ausrollen. Die obere Lage Papier vorsichtig abziehen und den Teig auf dem Backpapierblatt auf ein Backblech ziehen. Mit den anderen Teigportionen ebenso verfahren.

Die Teigplatten im vorgeheizten Backofen 8–10 Minuten goldbraun und fest backen. Kontrollieren, ob auch die Unterseite fertig ist. Abkühlen lassen.

Die Torte erst kurz vor dem Servieren zusammensetzen, damit die Teigböden nicht durchweichen. Dazu die Crème double und den Frischkäse mit dem Rührgerät steif schlagen.

Einen der Tortenböden auf eine Servierplatte legen. Zunächst mit drei Esslöffeln Lemon Curd, dann mit einem Drittel der Cremefüllung bestreichen und ein Drittel der Blaubeeren auf der Cremeschicht verteilen. Mit den restlichen Böden und Zutaten so fortfahren, bis eine dreistöckige Torte entstanden ist. Mit dem Zitronenabrieb bestreuen und mit dem Honig beträufeln.

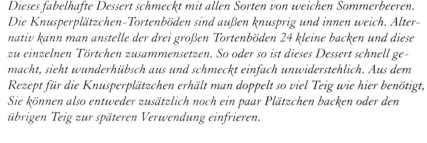

Öfter mal etwas Neues
Anstelle des Honigs macht sich auch Ahornsirup ganz hervorragend.

Äpfel im Schlafrock

Ergibt: 4 Portionen
Zubereitungszeit:
ca. 60 Minuten
(plus Kühlzeit)
Haltbarkeit: gekühlt 3 Tage
Kompost: Eierschalen,
Obstabfälle

MÜRBETEIG

140 g braunes Reismehl

140 g glutenfreies Hafermehl

100 g extrafeiner Zucker

85 g kalte Butter, geraspelt

50 g Haselnüsse, gemahlen

50 g glutenfreies pflanzliches Schmalz

1 Prise Salz

2 Eigelb

2–3 EL Vollmilch

Tapiokamehl zum Bestauben

4 Äpfel

5 EL Rohrohrzucker

150 g Rosinen

2 EL Calvados oder Apfelsaft

Dies hier ist unsere Interpretation von Äpfeln im Schlafrock. Wenn Sie die Äpfel nicht komplett in einen »Pyjama« stecken möchten, können Sie ihnen auch einfach nur eine »Nachthaube« aus Teig aufsetzen.

Für den Mürbeteig das Reismehl, das Hafermehl, den Zucker, die Butter, die Haselnüsse, das Schmalz, das Salz und ein Eigelb in der Küchenmaschine zu einer bröseligen Masse verarbeiten. Nach und nach die Milch zugeben und alles weiter zu einem weichen Teig verrühren (eventuell wird nicht die gesamte Milch benötigt). In Frischhaltefolie wickeln und 1 Stunde in den Kühlschrank geben.

Den Backofen auf 180 °C vorheizen. Eine flache, rechteckige Backform (29 × 23 × 4 Zentimeter) mit Backpapier auslegen. Die Äpfel waschen und mit einem Entkerner das Kerngehäuse entfernen. Die Äpfel in die Form legen. In einer Schüssel drei Esslöffel von dem Rohrohrzucker mit den Rosinen mischen. Die Äpfel mit der Mischung befüllen, mit dem Calvados oder dem Apfelsaft beträufeln und mit einem Esslöffel Rohrohrzucker bestreuen. Im vorgeheizten Backofen 12 Minuten garen, dann abkühlen lassen.

Hände und Arbeitsfläche großzügig mit Tapiokamehl bestauben. Den Teig kurz durchkneten und dann in vier gleich große Portionen teilen. Jede Teigportion mit den Fingerspitzen zu einer etwa drei Millimeter dicken, runden Scheibe flach drücken.

In die Mitte jeder Teigscheibe einen gebackenen, abgekühlten Apfel setzen. Den Apfel in den Teig einschlagen. Oben gut zusammendrücken, damit der Apfel vollständig vom Teig umhüllt ist. Das zweite Eigelb leicht verquirlen. Die umhüllten Äpfel in die Backform setzen, mit dem verquirlten Eigelb bepinseln und mit dem restlichen Rohrohrzucker bestreuen. 20 Minuten goldbraun backen.

Mit hausgemachtem Vanillepudding servieren (siehe Seite 147).

Das gewisse Etwas

Wer künstlerisch sein will, kann aus dem Mürbeteig Formen ausstechen und die Äpfel damit dekorieren, bevor der Teig mit Eigelb bepinselt wird.

156 | Desserts & Festliches

Tinker bocker glory

Ergibt: 4 Portionen
Zubereitungszeit: ca. 40 Minuten (plus Zeit zum Auskühlen)
Haltbarkeit: gekühlt 3 Tage
Kompost: Eierschalen

Tapiokamehl zum Bestauben
450 g Teig für Dreierlei-Schokoladen-Plätzchen (siehe Seite 128)
100 g Crème double
1 EL Whisky
2 EL Instant-Espressopulver, aufgelöst in 2 TL heißem Wasser
1 TL Vanilleextrakt
200 g Himbeeren
1–2 TL Kakaopulver zum Bestauben

Bühne frei für unsere köstliche Kreuzung aus Tiramisu, dem englischen Dessertklassiker Knickerbocker Glory und Cranachan, einem schottischen Nachtisch aus Sahne, Whisky und Himbeeren. Aus dem Rezept für die Dreierlei-Schokoladen-Plätzchen erhält man doppelt so viel Teig wie hier benötigt. Den Rest können Sie problemlos einfrieren oder daraus gleich noch ein paar Plätzchen backen.

Den Backofen auf 180 °C vorheizen. Ein Backblech mit Backpapier auslegen. Hände und Arbeitsfläche großzügig mit Tapiokamehl bestauben. Den Teig mit den Händen zu einer etwa einen Zentimeter dicken Platte flach drücken. Auf das Blech legen und im vorgeheizten Ofen 15 Minuten goldbraun backen.

Sobald der Teig vollständig ausgekühlt ist, mit einer runden Ausstechform zwölf Kreise mit dem Durchmesser der verwendeten Dessertgläser ausstechen.

Die Crème double mit dem Rührgerät steif schlagen. Den Whisky, den Espresso und den Vanilleextrakt unterschlagen.

Je einen Esslöffel der Sahnemischung in jedes Dessertglas füllen. Darauf einen Keks platzieren und diesen sanft andrücken. Je drei bis vier Himbeeren darauf verteilen, dann wieder je einen Esslöffel Sahne und einen Keks daraufsetzen. Mit je fünf bis sechs Himbeeren belegen. Mit je einer Keksschicht abschließen und jedes Dessert mit einer Himbeere dekorieren. Mit Kakaopulver bestauben.

Das gewisse Etwas
Mit ein paar zerbröselten gefriergetrockneten Himbeeren bestreut, schmeckt das Dessert noch fruchtiger und sieht obendrein noch hübscher aus.

Johannisbeer-Flammeri-Kuchen

Für: 1 runde Tarteform mit Hebeboden (24 cm Ø)
Zubereitungszeit: ca. 50 Minuten (plus Kühlzeit)
Haltbarkeit: gekühlt über Nacht, gut einzufrieren
Kompost: Eierschalen, Obstabfälle

MÜRBETEIG

40 g kalte Butter, gewürfelt, plus etwas für die Form
40 g Mandeln, gemahlen
35 g Puderzucker, gesiebt
20 g Sorghum-Mehl
20 g Tapiokamehl, plus etwas zum Bestauben
2 Eigelb, davon 1 verquirlt
½ TL Guakernmehl
½ TL Salz
Abrieb (fein) von 1 unbehandelten Orange
½ TL Vollmilch

FÜLLUNG

2 Eiweiß
50 g Rohrohrzucker, plus etwas zum Bestreuen
1 TL Maisstärke
100 g Johannisbeeren, plus 1 Handvoll zum Dekorieren
2 TL Zitronensaft
225 g Johannisbeerkonfitüre

Dieser Mürbeteig lässt sich ganz leicht verarbeiten. Obwohl er nicht so elastisch ist wie die Versionen mit Gluten, kann man ihn gut ausrollen und Risse einfach per Hand stopfen, denn der Teig ist sehr unkompliziert. Für die Füllung kann man jede weiche Obstsorte verwenden, die gerade da ist.

Für den Mürbeteig die Butter, die Mandeln, den Puderzucker, das Sorghum-Mehl, das Tapiokamehl, ein Eigelb, das Guakernmehl, das Salz und den Orangenabrieb in der Küchenmaschine zu einem festen Teig verarbeiten. Falls nötig, etwas Milch zugeben. In Frischhaltefolie wickeln und 1 Stunde in den Kühlschrank legen.

Den Backofen auf 180 °C vorheizen. Den Boden der Tarteform mit Backpapier auslegen, dann die Form mit Butter einfetten und mit Tapiokamehl bestauben.

Hände, Teigrolle und Arbeitsfläche großzügig mit Tapiokamehl bestauben. Den Teig kurz durchkneten und zu einer Kugel formen. Auf die Größe der Tarteform ausrollen und in die Form drücken, dabei den Teig an den Rändern hochziehen. Falls nötig, entstandene Löcher mit den Fingern stopfen.

Den Teig gleichmäßig mit einer Gabel einstechen und im vorgeheizten Backofen 8 Minuten goldbraun backen. Mit dem verquirlten Eigelb bepinseln und weitere 2 Minuten backen. Abkühlen lassen.

Für die Füllung die Eiweiße in einer großen, sauberen Rührschüssel mit dem Rührgerät steif schlagen. Zucker und Maisstärke unterschlagen. Die Johannisbeeren grob zerdrücken, bis der Saft austritt (sie sollten nicht ganz die Form verlieren) und mit dem Zitronensaft vermischen. Die Mischung mit einem Teigspachtel unter die Eischneemasse heben.

Den abgekühlten Teigboden einschließlich des Rands dick mit der Johannisbeer-konfitüre bestreichen. Die Eischneemasse darauf verteilen und eine Handvoll Johannisbeeren dekorativ darüber verstreuen. Mit Rohrohrzucker bestreuen. Im vorgeheizten Backofen 10–12 Minuten backen, bis die Eiweißkruste zart angebräunt ist.

Öfter mal etwas Neues

Anstelle der Johannisbeeren eignen sich für dieses Rezept auch klein geschnittene Erdbeeren (und Erdbeerkonfitüre) ganz hervorragend. Nach dem Backen können Sie den Kuchen noch mit zerbröselten gefriergetrockneten Erdbeeren dekorieren.

Süßer Tian

Ergibt: 4–6 Portionen
Zubereitungszeit:
ca. 75 Minuten
Haltbarkeit: gekühlt 3 Tage
Kompost: Eierschalen,
Obstabfälle

2 Pfirsiche oder Aprikosen, halbiert und
   entsteint
2–3 EL flüssiger Honig
225 g süße Muffins (siehe Seiten 50–57)
   oder Biskuitkuchen, grob zerkleinert
150 ml Kokosmilch
½ TL Vanilleextrakt
3–4 EL Zimtzucker (siehe Seite 11)
6 Eier
½ EL Butter

In einem Kochbuch der berühmten britischen Kochbuchautorin Elizabeth David stieß ich auf ein Rezept für pikanten Tian. Das Wort »Tian« bezeichnet die Form, in der in der Provence traditionell Gratins zubereitet werden. Ich probierte ein wenig herum und kam schließlich auf diese süße Version, eine Art edlen Brotauflauf. Das Rezept eignet sich hervorragend zur Resteverwertung – es macht gar nichts, wenn die verwendeten Muffins oder Biskuits nicht mehr ganz frisch sind. Durch die Kokosmilch wird das Gericht sehr leicht, wenn Sie es üppiger mögen, ersetzen Sie einfach die Hälfte der Kokosmilch durch Schlagsahne.

Den Backofen auf 180 °C vorheizen.

Die Pfirsichhälften in eine Bratform legen, mit dem Honig beträufeln und im vorgeheizten Backofen 20 Minuten garen. Herausnehmen, etwas abkühlen lassen und in der Küchenmaschine pürieren.

Die Muffinstücke in einer großen Rührschüssel mit der Kokosmilch, dem Vanilleextrakt und zwei bis drei Esslöffeln Zimtzucker vermischen.

Die Eier mit dem Rührgerät auf höchster Stufe schaumig schlagen. Das Pfirsichpüree unterrühren.

Die Butter in eine runde Auflaufform (20 Zentimeter Durchmesser) geben und im Backofen schmelzen lassen. Anschließend die Form mit der flüssigen Butter ausschwenken. Die Muffinmasse einfüllen. Die Pfirsichmasse darüber verteilen und mit dem restlichen Zimtzucker bestreuen. 30–35 Minuten backen, bis der Tian aufgegangen ist und eine goldbraune Kruste hat. Noch warm servieren.

Öfter mal etwas Neues

Anstelle des Pfirsichkompotts kann man auch 150 Gramm fein gehackte getrocknete Aprikosen, getrocknete Cranberrys und Rosinen verwenden. Das Trockenobst brauchen Sie nicht extra zu pürieren, bevor Sie es untermischen.

Apfel-Mandel-Crumble

500 g Äpfel, geschält, entkernt und grob
    gewürfelt
50 g Rosinen
60 g Rohrohrzucker
2 EL Apfelweinbrand oder Calvados (nach
    Belieben)
Schlagsahne zum Servieren

CRUMBLE-MISCHUNG

100 g Mandeln, geröstet und grob gehackt
55 g Mandeln, gemahlen
100 g brauner Vanillezucker (siehe Seite 11)
90 g Maisgrieß
85 g kalte Butter, geraspelt
1 EL Rohrohrzucker zum Bestreuen

Die hier verwendete Crumble-Mischung ist äußerst vielseitig. Wir lieben sie kombiniert mit Äpfeln wie in diesem Rezept oder auf Bratäpfeln. Sie passt aber eigentlich auch zu jedem anderen Saisonobst. Pflaumen, Zwetschgen, Pfirsiche schmecken damit einfach großartig. Und in der Weihnachtszeit kann sie uns durch Zugabe von fein gehackten Trockenfrüchten in die richtige Stimmung bringen.

Den Backofen auf 180 °C vorheizen. Die Äpfel, die Rosinen, den Rohrohrzucker, den Apfelweinbrand (ersatzweise Wasser) und drei Esslöffel Wasser in einem Topf bei mittlerer Hitze unter Rühren 5–10 Minuten köcheln lassen, bis die Äpfel weich sind und zu zerfallen beginnen.

Für die Crumble-Mischung die gerösteten Mandeln, die gemahlenen Mandeln, den Vanillezucker, den Maisgrieß und die Butter in einer Rührschüssel mit dem Rührgerät auf niedriger Stufe zu einer krümeligen Masse verarbeiten.

Die Äpfel in eine runde Auflaufform (18 Zentimeter Durchmesser) geben. Die Crumble-Mischung darüber verteilen, dabei die Äpfel vollständig bedecken. Den Rohrohrzucker darüber verstreuen und alles im vorgeheizten Backofen 25–30 Minuten backen, bis die Streusel goldbraun und knusprig sind. Mit Schlagsahne servieren.

Ergibt: 4 Portionen
Zubereitungszeit:
ca. 55 Minuten
Haltbarkeit: gekühlt
3 Tage, gut einzufrieren
Kompost: Obstabfälle

Ab in die Tiefkühltruhe!
Machen Sie auf Vorrat gleich die doppelte Menge Streusel und frieren Sie die nicht benötigte Hälfte ein.

Pfirsich-Himbeer-Roulade

5 Eier, getrennt
140 g extrafeiner Zucker
60 g Mandeln, gemahlen
Abrieb von 2 unbehandelten Zitronen
Saft von 1 Zitrone
Puderzucker zum Bestauben

FÜLLUNG

300 g Crème double
150 g Mascarpone
1 EL flüssiger Honig
1 großer Pfirsich, entsteint und in 16 Würfel
  geschnitten
200 g Himbeeren

Ergibt: 8 Portionen
Zubereitungszeit:
ca. 40 Minuten
(plus Zeit zum Auskühlen)
Haltbarkeit: gekühlt über
Nacht, gut einzufrieren
Kompost: Eierschalen,
Obstabfälle

Meine Freundin Marguerita ist eine ganz tolle Köchin. Sie hat mir netterweise das Rezept für dieses federleichte Dessert überlassen. Ihr Kommentar lautete: »Ein super einfacher und doch festlicher Nachtisch. Der hat mich noch nie im Stich gelassen.« Beim Aufrollen sollte man ein bisschen aufpassen. Man kann jedes weiche Obst verwenden. Am schönsten sieht die Roulade auf einer weißen oder cremefarbenen Platte aus, umringt von frischen Himbeeren und Pfirsichen.

Den Backofen auf 180 °C vorheizen. Die Backform mit Backpapier auslegen.

Die Eigelbe und den Zucker mit dem Rührgerät zu einer dicken, hellen Creme schlagen. Die Mandeln, den Zitronenabrieb und den Zitronensaft unterrühren.

In einer zweiten, sauberen Schüssel die Eiweiße mit dem Rührgerät sehr steif schlagen. Den Eischnee mit einem Metalllöffel unter die Eigelbmasse heben. Die Mischung in die Backform füllen und im vorgeheizten Backofen 16–18 Minuten goldbraun backen. Die Teigplatte mitsamt dem Backpapier auf ein Kuchengitter ziehen, mit einem sauberen, feuchten Küchenhandtuch zudecken und etwa 2 Stunden auskühlen lassen.

Eine Lage Backpapier mit Puderzucker bestauben und die ausgekühlte Roulade umgedreht darauflegen. Das Backpapier abziehen.

Für die Füllung die Crème double und den Mascarpone mit dem Rührgerät cremig, aber nicht steif schlagen. Die Creme mithilfe einer Palette gleichmäßig bis an die Ränder auf der Teigplatte verstreichen. Mit dem Honig beträufeln.

Die Aprikosenstücke und die Himbeeren auf der Cremeschicht verteilen und leicht andrücken. Die Teigplatte dann von der langen Seite her mithilfe des Backpapiers möglichst eng aufrollen, dabei mit den Händen immer wieder behutsam zusammendrücken. Das Backpapier entfernen. Die Roulade auf eine Servierplatte legen, mit Puderzucker bestauben und servieren.

Tipp

Das Rezept gelingt noch leichter, wenn die Himbeeren leicht angefroren sind, weil sie dann besser in Form bleiben.

Schoko-Birnen-Tarte

Für: 1 runde Tarteform
mit Hebeboden (24 cm Ø)
Zubereitungszeit:
ca. 75 Minuten
(plus Kühlzeit)
Haltbarkeit: gekühlt
bis zu 3 Tage, gut
einzufrieren
Kompost: Eierschalen,
Obstabfälle

MÜRBETEIG

25 g kalte Butter, plus etwas für die Form

150 g Haselnüsse, gemahlen

25 g Rohrohrzucker

1 Prise Salz

Tapiokamehl zum Bestauben

SCHOKOLADENGLASUR

100 g dunkle Schokolade

1 TL Mandelöl

POCHIERTE BIRNEN

2 große Birnen, entkernt und geschält

2 EL Zucker

SCHOKOLADENMOUSSE

60 g Vollmilchschokolade, gehackt

60 g dunkle Schokolade, gehackt

50 g Butter, 2 Eier

100 g Reiss rup

85 g Crème fraîche

40 g Haselnüsse, gemahlen

1 Prise Salz

DEKORATION

25 g ganze Haselnüsse, geröstet

Diese Tarte ist geradezu hinterhältig gut. Sie kommt bei uns immer zum Einsatz, wenn es gilt, hart gesottene Geschäftsleute für uns einzunehmen – ein Löffelchen genügt, um selbst den Unbeugsamsten handzahm zu machen.

Eine runde Tarteform mit Butter einfetten, mit Backpapier auslegen und mit Tapioka-mehl bestauben. Für den Mürbeteig die Butter, die Haselnüsse, den Zucker und das Salz in der Küchenmaschine zu einem glatten Teig verarbeiten. In Frischhaltefolie wickeln und 1 Stunde in den Kühlschrank geben. Den Backofen auf 150 °C vorheizen.

Die Tarteform mit dem Teig auskleiden, dabei den Teig mit der Rückseite eines Metalllöffels gut andrücken und an den Rändern hochziehen. Mit einer Gabel gleichmäßig einstechen und im vorgeheizten Backofen 15–18 Minuten goldgelb und fest backen. Vorsicht: Nicht zu lange backen, da er sonst trocken und brüchig wird. Auskühlen lassen.

Für die Glasur die dunkle Schokolade mit dem Mandelöl im Wasserbad oder in der Mikrowelle unter Rühren schmelzen. Glatt rühren und auf dem ausgekühlten Mürbeteigboden verteilen. 1 Stunde im Kühlschrank erkalten lassen. Den Backofen auf 180 °C vorheizen.

Für die pochierten Birnen die Birnen in je sechs Spalten schneiden. Die Birnenspalten mit dem Zucker und drei Esslöffeln Wasser in einem Topf bei mittlerer Hitze unter Rühren etwa 5 Minuten garen, bis sie weich sind, aber noch ihre Form haben. Das Wasser sollte vollständig eingekocht sein. Abkühlen lassen.

Für die Moussefüllung die Vollmilchschokolade und die dunkle Schokolade mit der Butter im Wasserbad oder in der Mikrowelle unter Rühren schmelzen. Beiseite stellen. Die Eier mit dem Reissirup, der Crème fraîche, den Haselnüssen und dem Salz in eine Rührschüssel geben. Die Schokoladen-Butter-Mischung hinzufügen und alles mit dem Rührgerät auf höchster Stufe zu einer hellen, luftigen Creme schlagen.

Die Birnen auf dem glasierten Teigboden verteilen und dann den Boden bis zum oberen Rand mit der Schokoladenmousse auffüllen. Mit den Haselnüssen bestreuen. Im vorgeheizten Backofen 16–18 Minuten backen, bis die Oberfläche fest ist. Nicht zu lange backen, die Füllung sollte innen noch eine puddingartige Konsistenz haben.

Schokoladendessert

Für kleine Schokoladendesserts die Moussefüllung in gebutterten Auflauf-förmchen bei 170 °C etwa 20 Minuten backen.

Ingwer-Zitronen-Tarte

INGWER-KEKS-BODEN

70 g Butter, plus etwas für die Form

50 g braunes Reismehl

40 g Tapiokamehl, plus etwas zum
  Bestauben

1 TL gemahlener Ingwer

½ TL glutenfreies Backpulver

25 g extrafeiner Zucker

½ EL eingelegte Ingwerstäbchen,
  abgetropft und fein gehackt

FÜLLUNG

3 EL Ingwerkonfitüre

150 g Crème double

200 ml Kondensmilch

Abrieb (fein) und Saft von ½ unbehandelten
  Zitrone

KANDIERTE ZITRONEN

1 unbehandelte Zitrone

Saft von ½ Zitrone

1 EL Zucker

Für: 1 runde Tarteform
mit Hebeboden (24 cm Ø)
Zubereitungszeit:
ca. 55 Minuten
(plus Kühlzeit)
Haltbarkeit: gekühlt
bis zu 2 Tage, gut
einzufrieren
Kompost: Obstabfälle

---

*Verwenden Sie für diese Tarte unbedingt eine wirklich gute Ingwerkonfitüre!
Auch andere Fruchtmischungen sind immer einen Versuch wert – Ingwer-
Rhabarber-Konfitüre zum Beispiel passt ganz wunderbar.*

Den Backofen auf 180 °C vorheizen. Ein Backblech mit Backpapier auslegen.
Die runde Tarteform mit Butter einfetten und mit Backpapier auslegen.

50 Gramm von der Butter, das Reismehl, das Tapiokamehl, den gemahlenen Ingwer,
das Backpulver, den Zucker und den gehackten eingelegten Ingwer in der Küchenmaschine zu einem Teig verarbeiten. Das kann etwas dauern – sollte der Teig zu
klumpig bleiben, mit den Händen kneten.

Hände, Teigrolle und Arbeitsfläche großzügig mit Tapiokamehl bestauben. Den
Teig kurz durchkneten und dann auf dem Backblech auf eine Dicke von etwa fünf
Millimetern ausrollen. Im vorgeheizten Backofen 12–14 Minuten goldbraun und
fest backen. Auskühlen lassen. Den Ofen ausschalten.

Den Ingwer-Keks-Boden in der Küchenmaschine zu feinen Bröseln mahlen.
Die restlichen 20 Gramm Butter schmelzen und mit den Keksbröseln vermischen.
Die Masse in der Tarteform verteilen, mit der Rückseite eines Metalllöffels festdrücken und an den Rändern hochziehen. Zudecken und 2 Stunden im Kühlschrank
fest werden lassen.

Für die Füllung den Tarteboden mit der Ingwerkonfitüre bestreichen. Die Crème
double in einer Rührschüssel mit dem Rührgerät gerade eben steif schlagen. Die
Kondensmilch hinzufügen und alles weiter zu einer dicken Creme verschlagen. Den
Zitronenabrieb und den -saft dazugeben und die Creme noch ein wenig weiterschlagen,
sie sollte aber nicht zu steif werden. Die Creme auf dem Tarteboden verteilen und
mit einer Palette glatt streichen. Im Kühlschrank 2 Stunden fest werden lassen.

Für die kandierten Zitronen den Backofen auf 180 °C vorheizen. Die Zitrone in
sechs Scheiben schneiden und diese in eine kleine, beschichtete Backform legen.
Den Zitronensaft und den Zucker hinzufügen, alles gut vermischen und 10 Minuten
im Ofen garen. Dabei die Zitronenscheiben immer wieder mit der Garflüssigkeit
übergießen. Herausnehmen und abkühlen lassen. Sobald die Tartefüllung fest ist,
die Zitronenscheiben dekorativ darauf anordnen.

Ein paar Kekse extra

Gönnen Sie sich zusätzlich ein paar köstliche Ingwerkekse. Dazu einfach die
doppelte Menge Keksteig zubereiten und ausrollen, mit einem Ausstecher
Kreise ausstechen und diese 12–14 Minuten goldbraun und knusprig backen.

Trishs Zitronen-Käsekuchen

Für: 1 hohe, runde Springform (13 cm Ø)
Zubereitungszeit:
ca. 60 Minuten
(plus Kühlzeit)
Haltbarkeit: gekühlt
bis zu 3 Tage, gut
einzufrieren
Kompost: Eierschalen,
Obstabfälle

60 g Butter, zerlassen, plus etwas für die
   Form
115 g glutenfreie englische Oatcakes
   (ungesüßte Haferkekse)
200 g Mascarpone
75 g extrafeiner Zucker
50 g Crème fraîche
1 Ei
¼ TL Vanilleextrakt
Abrieb (fein) von 2 unbehandelten Zitronen
Saft von 1 Zitrone
1 Schuss Limoncello (nach Belieben)
100 g Crème double

*Trish gehört bereits seit unserem Umzug nach Dorset im Jahr 2002 zum Honey-
buns-Team. Es ist immer ein Riesenspaß, wenn sie uns zum Abendessen in ihr
gemütliches Landhäuschen einlädt. Traditionell serviert sie dann diesen Käsekuchen als Dessert. Er schmeckt am besten mit einem Klecks original englischem
Lemon Curd.*

Den Backofen auf 180 °C vorheizen. Die Springform großzügig mit Butter einfetten.

Die Oatcakes in der Küchenmaschine zu Bröseln zerkleinern. Auf ein Backblech
geben und im vorgeheizten Backofen 5 Minuten goldgelb rösten. Herausnehmen
und den Ofen ausschalten.

Die Oatcake-Brösel gründlich mit der zerlassenen Butter vermischen. Die Masse
in der Springform verteilen und mit der Rückseite eines Metalllöffels andrücken.
1 Stunde im Kühlschrank fest werden lassen. Den Backofen auf 150 °C vorheizen.

Den Mascarpone, den Zucker, die Crème fraîche, das Ei, den Vanilleextrakt, die
Hälfte des Zitronenabriebs, den Zitronensaft und, falls verwendet, den Limoncello mit
dem Rührgerät auf mittlerer Stufe zu einer glatten Masse verarbeiten. Die Masse auf
dem Keksboden verteilen und den Kuchen im vorgeheizten Backofen 40–45 Minuten
backen. Abkühlen lassen und dann 2 Stunden (noch besser über Nacht) im Kühlschrank vollständig erkalten lassen.

Den Kuchen mithilfe einer Palette aus der Form lösen und auf eine Servierplatte
heben. Die Crème double mit dem Rührgerät steif schlagen. Vorsichtig auf dem
Kuchen verteilen. Mit dem restlichen Zitronenabrieb dekorieren.

Öfter mal etwas Neues

Probieren Sie diesen Käsekuchen auch mit Orangen
anstelle von Zitronen. Ersetzen Sie den Limoncello dann
durch Grand Marnier.

Schoko-Limetten-Torte

Für: 1 runde Tarteform
mit Hebeboden (24 cm Ø)
Zubereitungszeit:
ca. 65 Minuten
(plus Kühlzeit)
Haltbarkeit: gekühlt bis zu
2 Tage, gut einzufrieren
Kompost: Eierschalen,
Obstabfälle

TORTENBODEN

40 g Butter, plus etwas für die Form
Tapiokamehl zum Bestauben
175 g Teig für Schokoladen-Doppelkekse
  (siehe Seite 126)
4 EL Lemon Curd

BELAG

3 Eiweiß
400 ml Kondensmilch
250 g Ricotta
1 Ei
Abrieb (fein) und Saft von 4 unbehandelten
  Limetten
50 g dunkle Schokolade, fein gerieben

Chocolate Limes, in England sehr beliebte Limettenbonbons mit einem weichen Schokoladenkern, gehörten zu meinen liebsten Süßigkeiten, als ich noch klein war. In diesem Rezept habe ich versucht, ihren ganz besonderen Geschmack in einem Dessert nachzuempfinden. Aus dem Rezept für die Schokoladen-Doppelkekse erhält man viermal so viel Teig wie hier benötigt, also frieren Sie den Rest einfach ein oder backen Sie zusätzlich noch ein paar Kekse.

Den Backofen auf 180 °C vorheizen. Ein Backblech mit Backpapier auslegen. Eine Tarteform mit Butter einfetten.

Hände, Teigrolle und Arbeitsfläche großzügig mit Tapiokamehl bestauben. Den Keksteig kurz durchkneten und zu einer Kugel formen. Etwa fünf Millimeter dünn ausrollen und auf das Backblech legen. Im vorgeheizten Backofen 12 Minuten fest und goldbraun backen. Herausnehmen und vollständig auskühlen lassen. Den Ofen ausschalten.

Die ausgekühlte Teigplatte in der Küchenmaschine zu Bröseln zerkleinern. Die Butter schmelzen und mit den Keksbröseln vermischen. Die Masse in der Tarteform verteilen und mit der Rückseite eines Metalllöffels fest andrücken. Damit die Oberfläche schön glatt wird, die Masse vor dem Andrücken mit einer Lage Backpapier abdecken. Den Teig an den Rändern hochziehen. Abdecken und 2 Stunden im Kühlschrank fest werden lassen.

Den verfestigten Teigboden vorsichtig mit dem Lemon Curd bestreichen. Den Backofen auf 180 °C vorheizen.

Für den Belag die Eiweiße in einer großen, sauberen Rührschüssel mit dem Rührgerät steif schlagen. In einer zweiten Schüssel die Kondensmilch, den Ricotta, das Ei, den Limettenabrieb und den Limettensaft cremig rühren. Den Eischnee mit einem Teigspachtel unter die Ricotta-Limetten-Mischung heben und alles auf dem Keksboden verteilen. Im vorgeheizten Backofen 30 Minuten backen, der Belag sollte danach eine puddingartige Konsistenz haben. Mindestens 20 Minuten abkühlen lassen, dann mit der geriebenen dunklen Schokolade bestreuen. Zudecken und vor dem Servieren 2 Stunden im Kühlschrank fest werden lassen.

Das gewisse Etwas

Einen entzückend nostalgischen – und »very British« – Touch bekommt die Torte, wenn man die Kuchenplatte mit noch verpackten Chocolate Limes serviert (erhältlich im Internet, zum Beispiel unter www.aquarterof.co.uk).

Spotted Dick (Englischer Napfkuchen)

Mandelöl zum Einfetten

5 große Eier, getrennt

150 g extrafeiner Zucker

100 g getrocknete Sauerkirschen (oder Cranberrys)

85 g Mandeln, gemahlen

50 g Haselnüsse, gemahlen

40 g Orangeat und Zitronat, gemischt

Abrieb (fein) und Saft von 1 unbehandelten Orange

»Spotted Dick« ist eine traditionelle englische Süßspeise. Wir haben das Schmalz, mit dem sie normalerweise hergestellt wird, durch gemahlene Nüsse ersetzt, deren natürliche Öle den Kuchen auch ohne weitere Fettzugabe herrlich saftig, leicht und gleichzeitig herzhaft machen. Die getrockneten Kirschen oder Cranberrys kontrastieren wunderbar das Orangenaroma, aber man kann auch jede andere Art von Trockenobst und Nüssen verwenden. Am besten schmeckt der Kuchen zu selbst gemachtem Vanillepudding (siehe Seite 147).

Den Backofen auf 180 °C vorheizen. Ein Backblech mit Backpapier auslegen. Eine Napfkuchen- oder Puddingform großzügig mit Mandelöl einfetten.

Die Eigelbe und den Zucker mit dem Rührgerät zu einer schaumigen Masse verarbeiten. In einer zweiten großen, sauberen Rührschüssel die Eiweiße steif schlagen.

Die Kirschen, die Mandeln, die Haselnüsse, das Orangeat, das Zitronat, den Orangenabrieb und den Orangensaft unter die Eigelb-Zucker-Masse rühren. Den Eischnee mit einem Teigspachtel oder einem großen Metalllöffel vorsichtig unterheben und die Mischung in die Form geben.

Im vorgeheizten Backofen 30 Minuten backen, dann mit Backpapier abdecken und weitere 10 Minuten backen, bis der Kuchen auf der Oberfläche etwas fester, innen aber noch von puddingartiger Konsistenz ist. Mit einem Holzstäbchen die Garprobe machen – der Kuchen ist fertig, wenn keine Teigreste mehr am Stäbchen kleben bleiben.

Den Kuchen in der Form etwas abkühlen lassen, dann vorsichtig auf einen Teller stürzen. Mit Vanillepudding servieren.

Für: 1 runde Napfkuchen- oder Puddingform (18 cm Ø)
Zubereitungszeit: ca. 55 Minuten
Haltbarkeit: gekühlt bis zu 3 Tage, gut einzufrieren
Kompost: Eierschalen, Obstabfälle

Winterliche Variation

In der kalten Jahreszeit verleihen Sie dem Kuchen durch Zugabe von 100 Gramm glutenfreien, gehackten Trockenfrüchten eine weihnachtliche Note.

Glutenfrei einkaufen

Alle von uns verwendeten Zutaten sind vegetarisch und von Natur aus glutenfrei oder sollten vom Hersteller als glutenfrei ausgewiesen sein. Wir weisen darauf hin, dass sich Angaben zu Herstellergarantien ändern können, deshalb ist es wichtig, vor der Verwendung eines Produkts die Allergikerhinweise auf der Verpackung genau zu studieren.

Die Deutsche Zöliakie Gesellschaft e.V. bietet in ihrem Internetauftritt (www.dzg-online.de) Informationen zur Unverträglichkeit selbst und dem Umgang damit. Zahlreiche Onlinehändler glutenfreier Produkte werden hier aufgelistet. Die Lizenznehmer, zertifiziert mit dem »Glutenfrei-Symbol« (siehe unten), garantieren, die für die Glutenfreiheit erforderlichen Produktionsstandards und Kontrollen einzuhalten. Die DZG führt das Symbol als eingetragenes Warenzeichen in Deutschland und vergibt es an nationale Hersteller und Vertriebe glutenfreier Lebensmittel. Bevor ein Lizenzvertrag abgeschlossen werden kann, ist eine Gluten-Analyse der betreffenden Produkte erforderlich. Ein Register mit allen DZG-garantiert glutenfreien Lebensmitteln ist für Mitglieder jährlich neu erhältlich.

Die Rezepte in diesem Buch richten sich aber natürlich auch an Leser, die nicht unter Zöliakie und/oder Glutenunverträglichkeit leiden. In diesem Fall müssen nicht unbedingt zertifiziert glutenfreie Haferflocken oder Schokolade verwendet werden, aber von Natur aus glutenfreie Zutaten wie Leinsamen und Kastanienmehl verleihen Kuchen und Gebäck ein herrliches Aroma und eine wunderbare Konsistenz.

Backpulver
Glutenfreies Backpulver (Weinstein-Backpulver) ist in gut sortierten Supermärkten, Biomärkten, Reformhäusern und online erhältlich.

Bier
Eine Liste mit Herstellern glutenfreier Brauereierzeugnisse in Ihrer Nähe finden Sie auf der Seite der Deutschen Zöliakie Gesellschaft e.V. (www.dzg-online.de).

Cornflakes (glutenfrei)
Glutenfreie Cornflakes bekommt man mittlerweile in vielen Supermärkten, Bioläden und Drogeriemärkten.

Guakernmehl
Zum Binden und Andicken kommt bei uns Guakernmehl zum Einsatz, ein Naturprodukt, das aus einer bestimmten Bohnenart hergestellt wird. Wir verwenden es lieber als Xanthan, das häufig eine allzu mächtige Konsistenz mit sich bringt.

Haferflocken und Hafermehl
Einige der Rezepte verwenden glutenfreie Haferflocken und glutenfreies Hafermehl. Diese sind oft schwer erhältlich, da Hafer auf dem Feld oder in der Mühle häufig mit Weizen oder anderen Getreidesorten kontaminiert wird. Manche Zöliakiepatienten reagieren aber auch auf reinen Hafer äußerst sensibel (weitere Informationen unter www.dzg-online.de/hafer.52.0.html). Über www.querfood.de findet man eine Reihe glutenfreier Mehlsorten und Getreideprodukte. Eine gute Alternative zu Haferprodukten sind Hirsemehl und -flocken.

Haselnussmehl

Haselnussmehl ist in Reformhäusern, Bioläden und online erhältlich. Man kann es ersatzweise aber auch selbst herstellen. Besonders aromatisch wird es, wenn man die Haselnüsse vor dem Mahlen kurz anröstet.

Hirseflocken

Hirseflocken sind in gut sortierten Supermärkten, Bioläden, Reformhäusern und diversen Online-Shops erhältlich.

Hirsemehl

Hirsemehl bekommt man in Biomärkten, Reformhäusern und online.

Kastanienmehl

Kastanienmehl besitzt eine natürliche Süße und ein nussiges Aroma und eignet sich deshalb besonders gut zur Zubereitung üppiger Kuchen und Torten mit Schokolade. Erhältlich in größeren Supermärkten und Bioläden sowie online.

Kichererbsenmehl

Dieses Mehl kommt bei uns nur selten zum Einsatz, da es einen leicht bitteren Nachgeschmack haben kann. In pikantem Gebäck harmoniert es aber hervorragend mit anderen Mehlsorten. Erhältlich in asiatischen Lebensmittelgeschäften, Biomärkten und online.

Kokoschips

Unbehandelte, ungesüßte Kokoschips werden in Reformhäusern, Biomärkten und online angeboten. Man kann sie auch durch Kokosraspel ersetzen.

Kokosmehl

Kokosmehl hat einen relativ starken Eigengeschmack, deshalb bietet sich seine Verarbeitung vor allem für Gebäck mit Kokosaroma an. Man sollte es nicht als Ersatz für andere Mehlsorten verwenden.

Konfitüre, Kompott und Cremes

Konfitüren, Gelees und Marmeladen sind von Natur aus glutenfrei. Bei Lemon Curd und Erdnussbutter sollte man auf die Packungshinweise achten. Wir empfehlen, auf Hersteller aus der Region zu setzen, da zum Beispiel Anbieter auf Bauernmärkten genaue Auskunft über die Glutenfreiheit ihrer Produkte geben können.

Leinsamenmehl

Wir lieben das nussig-süße Aroma und den hohen Feuchtigkeitsgehalt dieses Mehls. Man kann es meist durch Sorghum- oder Hirsemehl oder durch glutenfreies Hafermehl ersetzen. Leinsamenmehl ist in Bioläden, Reformhäusern oder online erhältlich.

Maisgrieß

Zum Backen verwenden wir trockenen, fein gemahlenen Maisgrieß. Er harmoniert hervorragend mit anderen Mehlsorten oder gemahlenen Nüssen. Im Shortbread-Boden auf Seite 82 wird er zum Beispiel mit gemahlenen Mandeln kombiniert. Maisgrieß von SamMills ist unter www.querfood.de erhältlich.

Maisstärke

Maisstärke eignet sich hervorragend für Shortbread, da sie das Gebäck unglaublich zart und schmelzend macht. Am besten mischt man sie mit anderen Mehlsorten, um dem Gebäck eine höhere Festigkeit zu verleihen. Erhältlich in gut sortierten Supermärkten, Bioläden und Reformhäusern.

Oatcakes

Diese ungesüßten, traditionellen englischen Haferplätzchen werden zum Beispiel von der britischen Firma

Nairn's glutenfrei hergestellt und sind im English Shop, auch online, erhältlich.

Quinoamehl

In Bioläden und online erhältlich.

Reis-Crispies (glutenfrei)

Glutenfreie Rice Crispies sind in gut sortierten Supermärkten, Bioläden und Reformhäusern zu bekommen.

Reismehl

In Supermärkten erhältlich. Klebreismehl ist ebenfalls glutenfrei, hier klebt nur der Reis. Man bekommt es in asiatischen Lebensmittelgeschäften und online.

Reissirup

Reissirup von verschiedenen Herstellern ist online bestellbar.

Schmalz

Glutenfreies vegetarisches Schmalz wird in gut sortierten Supermärkten, Bioläden und Reformhäusern sowie online angeboten.

Schokolade

Schokolade ist nicht von Haus aus garantiert glutenfrei, da ein Großteil der Hersteller am selben Standort Getreidesorten verarbeitet, etwa für Kekse oder Waffeln. Auf Schokoladenverpackungen findet sich deshalb häufig der Hinweis »Kann Spuren von Getreide enthalten«.

Wir verwenden weiße Schokolade, Vollmilchschokolade (35 Prozent Kakaoanteil) und dunkle Schokolade (73 Prozent Kakaoanteil) in Form von Callets (Schokotropfen oder -plättchen), die sich leicht schmelzen lassen und nicht extra gehackt werden müssen. Hersteller ist eine Firma namens Barry Callebaut. Die Callets dieser Marke sind glutenfrei und in der dunklen Variante zusätzlich laktosefrei. Schokolade von Callebaut ist sehr beliebt unter Profiköchen und Chocolatiers und zum Beispiel erhältlich unter www.pati-versand.de. Wem die dort angebotenen Packungsgrößen zu unhandlich sind, der kann bei www.querfood.de verschiedene glutenfreie Schokoladensorten finden und bestellen.

Sorghum-Mehl

Ein tolles Mehl, das für eine locker-leichte Konsistenz sorgt und alleine oder mit anderen Mehlsorten gemischt verwendet werden kann. Erhältlich in asiatischen Lebensmittelgeschäften, Bioläden und online unter www.jalpurmillersonline.com – der Shop versendet europaweit.

Süßwaren

Süßigkeiten und Schokoladen unterliegen beim Hersteller häufig einer Kontaminierung durch Getreideprodukte, doch selbst in Supermärkten wird das Angebot an garantiert glutenfreien Süßwaren immer größer. In einem unserer Rezepte werden zur Dekoration Chocolate Limes, typisch englische Limettenbonbons mit Schokokern verwendet, die zum Beispiel unter www.aquarterof.co.uk erhältlich sind.

Tapiokamehl (Maniokmehl)

Tapiokamehl ähnelt Maisstärke, denn es ist sehr zart und obendrein geschmacksneutral. Am besten verwendet man es gemischt mit anderen Mehlsorten. Tapiokamehl gibt es in asiatischen Supermärkten, Biomärkten und online.

Laktosefreie Zutaten

Butter

Butterersatzprodukte wie etwa vegane Margarine sind inzwischen in gut sortierten Supermärkten, oft sogar von Eigenmarken, und Bioläden problemlos zu bekommen.

Käse

Pamazzano ist eine gute laktose- und glutenfreie sowie vegane Alternative zu Parmesan und in vielen Supermärkten erhältlich. Käseersatzprodukte auf Sojabasis findet man in Bioläden und Reformhäusern.

Sahne

Sahneersatzprodukte sind in gut sortierten Supermärkten, Bioläden und Reformhäusern erhältlich.

Schokolade

Dunkle Schokolade ist in der Regel laktosefrei, allerdings nutzen manche Hersteller für die dunkle Variante dieselben Fertigungsbänder wie für Vollmilchschokolade. Die laktosefreien Rezepte in diesem Buch verwenden dunkle Schokolade mit 73 Prozent Kakaoanteil in Blockform von Callebaut (siehe Seite 170). Diese ist zertifiziert laktosefrei.

Andere Zutaten

Blumen

Zur Dekoration von Torten, Plätzchen und Desserts verwenden wir häufig getrocknete Blüten. Essbare Blüten in getrockneter Form sind in einigen Apotheken, aber auch in verschiedenen Bioläden erhältlich. Es macht aber auch Freude, sich – nach gründlicher Information über deren Verträglichkeit – einfach selbst in der Natur auf die Suche nach dekorativen Blüten zu machen.

Haselnusssirup

Wir verwenden den Sirup von Monin, der in Feinkostgeschäften, gut sortierten Supermärkten und online erhältlich ist.

Himbeeren (gefriergetrocknet)

Erhältlich bei verschiedenen Onlinehändlern. Gefriergetrocknete Himbeeren werden weich, sobald sie Sauerstoff ausgesetzt sind und zerkleinert werden. Am besten bewahrt man sie deshalb in einem luftdichten Behälter auf und zerkrümelt sie nach Bedarf.

Kandierte Kirschen

Kandierte Kirschen in Bioqualität sind in einigen Supermärkten, Bioläden und online erhältlich.

Obst

Unterstützen Sie Bauern in der Region, bei denen Sie Ihr Obst häufig auch selbst pflücken können. Es gibt verschiedene Websites, die Obstanbaubetriebe, bei denen man selbst pflücken kann, listen.

Öle

Mandelöl, zum Beispiel von KTC, ist häufig in indischen Lebensmittelgeschäften und online zu bekommen. Mandelöl ist wunderbar – lieblich und nicht zu kräftig im Geschmack –, allerdings auch recht teuer. Man kann es nach Belieben auch durch Maiskeimöl oder ein anderes pflanzliches Öl ersetzen.

Weitere Online-Bezugsquellen

Detaillierte Infos sowie einen eigenen Shop für glutenfreie Lebensmittel bietet www.lebensmittel-glutenfrei.de.

Auch auf www.querfood.de findet man einen gut sortierten, auf glutenfreie Lebensmittel spezialisierten Shop mit »Allergenfilter« für leichteres Suchen.

Bioläden, -supermärkte und -marken wie Alnatura, Biomarkt, denn's und viele mehr bieten ein großes Sortiment an zertifiziert glutenfreien Lebensmitteln, doch auch viele andere Supermärkte haben glutenfreie Produkte im Angebot, oft unter Eigenmarken.

Register

Ahornsirup
Dattelkuchen 36
Haferschnitten mit Cranberrys,
Pekannüssen und Ahorn-
sirup 120
Amondi-Plätzchen 130
Äpfel
Äpfel im Schlafrock 155
Apfel-Mandel-Crumble 161
Apfelmuffins 53
Dorset-Apfelkuchen 26
Paradiesapfel-Shortbread 70
Aprikosen
Aprikosen-Ingwer-Schnitten 71
Kernige Aprikosenküchlein 116
Pfirsich-Aprikosen-Tarte 148
Süßer Tian 160

Backpulver 170
Bananen
Bananenkuchen 29
Guten-Morgen-Bananen-
muffins 56
Beeren-Streusel-Schnitten 110
Beschwipste Himbeeren 54
Beschwipste Kirschen 84
Birnen
Schoko-Birnen-Tarte 164
Würzige Birnen-Rosinen-
Schnitten 113
Blumen 173
Brownies
Heathcliff- 89
Seemanns- 90
Butter 172

Callets 11, 172
Cobbler, Erdbeer- 150
Congo Bars 78
Cornflakes 170
Honig-Mandel-Schnitten 122
Kernige Feigen-Mandel-
Küchlein 118
Cranberrys
Florentiner 101
Haferschnitten mit Cranberrys,
Pekannüssen und Ahorn-
sirup 120
Schokoladen-Nuss-Kuchen mit
Cranberrys 42
Crumble, Apfel-Mandel- 161
Cupcakes, Haselnuss-
Cappuccino- 59

Datteln
Dattel-Orangen-Küchlein 115
Dattelkuchen 36
Doppelkekse
mit Vanillecreme 136
Schokoladen- 126
Dörrpflaumen: Pflaumen-Schoko-
Küchlein 92
Dorset-Apfelkuchen 26
Dreierlei-Schokoladen-
Plätzchen 128
Dulce de leche
Congo Bars 78
Milliardärs-Shortbread 76

Pekannuss-Schokoladen-Kuchen
mit Karamell 41
Erdbeeren
Erdbeer-Cobbler 150
Erdbeermuffins 50
Festtags-Trifles 147
Extraschokoladiger
Schokokuchen 91

Feigen
Feigen-Honig-Kuchen 66
Kernige Feigen-Mandel-
Küchlein 118
Festtags-Trifles 147
Florentiner 101
Frangipane 68
Früchtekuchen »Bumble
Barrow« 20

Ganache, Schokoladen- 42
Guakernmehl 170
Guten-Morgen-Bananenmuffins 56

Haferflocken 170
Aprikosen-Ingwer-Schnitten 71
Beeren-Streusel-Schnitten 110
Dattel-Orangen-Küchlein 115
Dreierlei-Schokoladen-
Plätzchen 128
Haferschnitten mit Cranberrys,
Pekannüssen und Ahorn-
sirup 120
Kernige Aprikosenküchlein 116
Kernige Feigen-Mandel-
Küchlein 118
Mitternachtsplätzchen 139
Paradiesapfel-Shortbread 70
Schokoladen-Erdnussbutter-
Plätzchen 133
Würzige Birnen-Rosinen-
Schnitten 113
Würzige Ingwer-Rosinen-

Plätzchen 132
Hafermehl 170
Äpfel im Schlafrock 155
Beeren-Streusel-Schnitten 110
Dreierlei-Schokoladen-
Plätzchen 128
Guten-Morgen-Bananen-
muffins 56
Haferschnitten mit Cranberrys,
Pekannüssen und Ahorn-
sirup 120
Kernige Feigen-Mandel-
Küchlein 118
Mitternachtsplätzchen 139
Paradiesapfel-Shortbread 70
Haferschnitten mit Cranberrys,
Pekannüssen und Ahornsirup 120
Haselnüsse
Beeren-Streusel-Schnitten 110
Haselnuss-Cappuccino-
Cupcakes 59
Haselnussbutter 42
Himbeertorte mit weißer
Schokolade 22
Ingwer-Zitronen-Knusper-
plätzchen 129
Kaffee-Haselnuss-Torte 35
Kernige Nussriegel 119
Schoko-Birnen-Tarte 164
Schokoladen-Nuss-Kuchen
mit Cranberrys 42
Zucchinitorte 32
Haselnussmehl 171
Haselnusssirup 173
Heathcliff-Brownies 89
Heidelbeeren: Knuspertorte mit
Blaubeeren 152
Himbeeren
Beschwipste 54
Festtags-Trifles 147
Himbeertörtchen mit zweierlei
Schokolade 106
Himbeertorte mit weißer
Schokolade 22
Pfirsich-Himbeer-Roulade 162
Schoko-Himbeer-Muffins 54
Tinker bocker glory 156
Himbeeren, gefriergetrocknet 173
Hirseflocken 171
Haferschnitten mit Cranberrys,
Pekannüssen und Ahorn-
sirup 120
Melasseschnitten 123
Hirsemehl 171
Holwell Village Hall Scones 45
Honig
Dattel-Orangen-Küchlein 115

Feigen-Honig-Kuchen 66
Gestürzte Pfirsichmuffins 52
Guten-Morgen-Bananen-
muffins 56
Honig-Mandel-Schnitten 122
Pistazienplätzchen 134

Ingwer
Aprikosen-Ingwer-Schnitten 71
Ingwer-Zitronen-Knusper-
plätzchen 129
Ingwer-Zitronen-Tarte 165
Nilpferdtorte 38
Rentier Rudolfs Knusper-
küchlein 104
Verschneite Hügel (Ingwer-
Zitronen-Schnitten) 72
Würzige Ingwer-Rosinen-
Plätzchen 132

Johannisberen, Schwarze
Beeren-Streusel-Schnitten 110
Johannisbeer-Flammeri-
Kuchen 158

Kaffee
Haselnuss-Cappuccino-
Cupcakes 59
Kaffee-Haselnuss-Torte 35
Pflaumen-Schoko-Küchlein 92
Schokoladen-Orangen-Kuchen 102
Schokoschock 95
Karamell
Congo Bars 78
Milliardärs-Shortbread 76
Paradiesapfel-Shortbread 70
Pekannuss-Schokoladen-Kuchen
mit Karamell 41
Rhabarber-Mandel-Kuchen mit
Karamellkruste 21
Karottenkuchen 33
Käse 173
Käsekuchen, Trishs Zitronen- 167
Kastanienmehl 173
Dattel-Orangen-Küchlein 115
Pflaumen-Schoko-Küchlein 92
Scharfe Schokoküchlein 94
Schokoladen-Erdnussbutter-
Plätzchen 133
Kernige Aprikosenküchlein 116
Kernige Feigen-Mandel-
Küchlein 118
Kernige Nussriegel 119
Kichererbsenmehl 173
Kirschen
Beschwipste 84
Mandel-Kirsch-Schnitten 68

Schwarzwälder Kirschtorte 151
Spotted Dick (Englischer Napf-
    kuchen) 169
Kirschen, kandiert 173
Kirschtorte, Schwarzwälder 151
Knusperküchlein, Rentier
    Rudolfs 104
Knuspertorte mit Blaubeeren 152
Kokos-Limetten-Torte 37
Kokoschips 171
Kokosmehl 171
Kokosmilch
    Kokos-Limetten-Torte 37
    Süßer Tian 160
Konfitüre 171
Kompott 171
Krokant
    Mandel- 85
    Pekannuss- 41
Kuchen
    Bananenkuchen 29
    Dattelkuchen 36
    Dorset-Apfelkuchen 26
    Extraschokoladiger Schoko-
        kuchen 91
    Feigen-Honig-Kuchen 66
    Früchtekuchen »Bumble
        Barrow« 20
    Gays Orangenkuchen 67
    Gestürzter Pflaumenkuchen 24
    Karottenkuchen 33
    Orangen-Schokoladen-Kuchen
        »St. Martha« 40
    Pekannuss-Schokoladen-Kuchen
        mit Karamell 41
    Pflaumen-Schoko-Küchlein 92
    Rhabarber-Mandel-Kuchen mit
        Karamellkruste 21
    Schokoladen-Nuss-Kuchen mit
        Cranberrys 42
    Schokoladen-Orangen-
        Kuchen 102
    Zitronenkuchen 31

Limetten
    Kokos-Limetten-Torte 37
    Schoko-Limetten-Torte 168
    Schoko-Pfefferminz-
        Schnitten 99
    Zucchinitorte 32
Leinsamenmehl 171

Macadamianüsse
    Zucchinitorte 32
Maisgrieß 171
    Apfel-Mandel-Crumble 161
    Aprikosen-Ingwer-Schnitten 71

Doppelkekse mit Vanille-
    creme 136
Erdbeermuffins 50
Gestürzter Pflaumen-
    kuchen 24
Little Ems
    Sommerbeerenkuchen 65
Marmeladenmuffins 58
Orangen-Schokoladen-Kuchen
    »St. Martha« 40
Paprika-Muffins 60
Schoko-Pfefferminz-
    Schnitten 99
Schokoladen-Doppelkekse 126
Shortbread mit Maisgrieß 83
Verschneite Hügel (Ingwer-
    Zitronen-Schnitten) 72
Maisstärke 171
Mandeln
    Amondi-Plätzchen 130
    Apfel-Mandel-Crumble 161
    Aprikosen-Ingwer-Schnitten 71
    Dorset-Apfelkuchen 26
    Erdbeer-Cobbler 150
    Gays Orangenkuchen 67
    Gestürzte Pfirsichmuffins 52
    Heathcliff-Brownies 89
    Holwell Village Hall Scones 45
    Honig-Mandel-Schnitten 122
    Ingwer-Zitronen-Knusper-
        plätzchen 129
    Kernige Feigen-Mandel-
        Küchlein 118
    Mandel-Kirsch-Schnitten 68
    Mandelkrokant 85
    Mega-Mandelkuchen 74
    Orangen-Schokoladen-Kuchen
        »St. Martha« 40
    Pflaumen-Schoko-Küchlein 92
    Rhabarber-Mandel-Kuchen
        mit Karamellkruste 21
    Schoko-Pfefferminz-
        Schnitten 99
    Schokoladen-Nuss-Kuchen mit
        Cranberrys 42
    Schokoladen-Orangen-
        Kuchen 102
    Schokoschock 95
    Shortbread mit Maisgrieß 83
    Stachelbeertorte 19
Marmeladenmuffins 58
Marzipan
    Mega-Mandelkuchen 74
    Melasseschnitten 123
    Milliardärs-Shortbread 76
    Mitternachtsplätzchen 139
Muffetten 10

Muffins
    Apfel- 53
    Erdbeer- 50
    Pfirsich-, gestürzte 52
    Bananen-, Guten-Morgen- 56
    Marmeladen- 58
    Paprika- 60
    Schoko-Himbeer- 54

Napfkuchen, englischer
    (Spotted Dick) 169
Nilpferdtorte 38
Nüsse siehe Haselnüsse,
    Pekannüsse, Walnüsse usw.
Nussriegel, kernige 119

Oatcakes 171
Obst 173
Öl 173
Orangen
    Amondi-Plätzchen 130
    Dattel-Orangen-Küchlein 115
    Gestürzter Pflaumenkuchen 24
    Marmeladenmuffins 58
    Mitternachtsplätzchen 139
    Orangenkuchen 67
Orangen-Schoko-Schnitten 96
    Orangen-Schokoladen-Kuchen
        »St. Martha« 40
    Schokoladen-Orangen-
        Kuchen 102
Orangenkuchen 67
Orangenmarmelade
    Dattel-Orangen-Küchlein 115
    Marmeladenmuffins 58
    Mitternachtsplätzchen 139
Quinoamehl 172

Papa Haydns Pekannuss-Pie 75
Paprika-Muffins 60
Paradiesapfel-Shortbread 70
Pekannüsse
    Congo Bars 78
    Haferschnitten mit Cranberrys,
        Pekannüssen und Ahorn-
        sirup 120
    Himbeertörtchen mit zweierlei
        Schokolade 106
    Papa Haydns Pekannuss-Pie 75
    Pekannuss-Schokoladen-Kuchen
        mit Karamell 41
    Pekannusskrokant 41
Pfirsiche
    Festtags-Trifles 147
    Gestürzte Pfirsichmuffins 52
    Pfirsich-Aprikosen-Tarte 148
    Pfirsich-Himbeer-Roulade 162

Pfirsich-Mandel-Tarte mit
    Baiserhaube 144
Süßer Tian 160
Pflaumen
    Pflaumen-Schoko-Küchlein 92
    Pflaumenkuchen, gestürzter 24
Pie, Papa Haydns Pekannuss- 75
Pistazienkerne
    Feigen-Honig-Kuchen 66
    Pistazienplätzchen 134

Reis-Crispies 172
Reismehl 172
Reissirup 172
Rhabarber-Mandel-Kuchen mit
    Karamellkruste 21
Rosinen
    Äpfel im Schlafrock 155
    Apfelmuffins 53
    Bananenkuchen 29
    Dorset-Apfelkuchen 26
    Guten-Morgen-Bananen-
        muffins 56
    Karottenkuchen 33
    Marmeladenmuffins 58
    Seemannsbrownies 90
    Würzige Birnen-Rosinen-
        Schnitten 113
    Würzige Ingwer-Rosinen-
        Plätzchen 132
Rentier Rudolfs Knusper-
    küchlein 104
Roulade, Pfirsich-Himbeer- 162

Sahne 173
Scharfe Schokoküchlein 94
Schmalz 172
Schnitten
    Aprikosen-Ingwer- 71
    Beeren-Streusel- 110
    Hafer-, mit Cranberrys, Pekan-
        nüssen und Ahornsirup 120
    Honig-Mandel- 122
    Ingwer-Zitronen- 72
    Mandel-Kirsch- 68
    Orangen-Schoko- 96
    Schoko-Pfefferminz- 99
    Birnen-Rosinen-, würzige 113
Schoko-Himbeer-Muffins 54
Schokolade 172, 173
    Congo Bars 78
    Dreierlei-Schokoladen-
        Plätzchen 128
    Extraschokoladiger Schoko-
        kuchen 91
    Festtags-Trifles 147
    Florentiner 101

Heathcliff-Brownies 89
Himbeertörtchen mit zweierlei
  Schokolade 106
Himbeertorte mit weißer
  Schokolade 22
Melasseschnitten 123
Milliardärs-Shortbread 76
Mitternachtsplätzchen 139
Orangen-Schoko-Schnitten 96
Orangen-Schokoladen-Kuchen
  »St. Martha« 40
Pekannuss-Schokoladen-Kuchen
  mit Karamell 41
Pflaumen-Schoko-Küchlein 92
Rentier Rudolfs Knusper-
  küchlein 104
Scharfe Schokoküchlein 94
Schoko-Birnen-Tarte 164
Schoko-Himbeer-Muffins 54
Schoko-Limetten-Torte 168
Schoko-Pfefferminz-
  Schnitten 99
Schokoladen-Doppelkekse 126
Schokoladen-Erdnussbutter-
  Plätzchen 133
Schokoladen-Nuss-Kuchen mit
  Cranberrys 42
Schokoladen-Orangen-
  Kuchen 102
Schokoladenganache 42
Schokoschock 95
Schwarzwälder Kirsch-
  torte 151
Tinker bocker glory 156
Schwarzwälder Kirschtorte 151
Scones, Holwell Village Hall 45
Seemannsbrownies 90
Shortbread
  Congo Bars 78
  Maisgrieß- 83
  Milliardärs- 76
  Papa Haydns Pekannuss-Pie 75
  Paradiesapfel- 70
  Schoko-Pfefferminz-
    Schnitten 99
  mit Maisstärke 82
  Verschneite Hügel (Ingwer-
    Zitronen-Schnitten) 72
Sommerbeerenkuchen, Little
  Ems 65
Sorghum-Mehl 172
Spotted Dick (Englischer
  Napfkuchen) 169
Stachelbeertorte 19
Süßer Tian 160
Süßwaren 172

Tarte
  Ingwer-Zitronen- 165
  Pfirsich-Aprikosen- 148
  Pfirsich-Mandel-, mit Baiser-
    haube 144
  Schoko-Birnen- 164
Tapiokamehl 172
Tian, süßer 160
Tinker bocker glory 156
Torten
  Himbeertorte mit weißer
    Schokolade 22
  Kaffee-Haselnuss-Torte 35
  Knuspertorte mit Blau-
    beeren 152
  Kokos-Limetten-Torte 37
  Nilpferdtorte 38
  Pfirsich-Himbeer-Roulade 162
  Schoko-Limetten-Torte 168
  Stachelbeertorte 19
  Zucchinitorte 32
Trifles, Festtags- 147
Trishs Zitronen-Käsekuchen 167

Vanillepudding 147
  Festtags-Trifles 147
  Pfirsich-Aprikosen-Tarte 148
Vanillezucker 11
Verschneite Hügel (Ingwer-
  Zitronen-Schnitten) 72

Walnüsse
  Früchtekuchen »Bumble
    Barrow« 20
  Karottenkuchen 33
  Kernige Nussriegel 119
  Seemannsbrownies 90
Würzige Birnen-Rosinen-
  Schnitten 113
Würzige Ingwer-Rosinen-
  Plätzchen 132

Zimtzucker 11
Zitronen
  Ingwer-Zitronen-Knusper-
    plätzchen 129
  Ingwer-Zitronen-Tarte 165
  Knuspertorte mit Blau-
    beeren 152
  Trishs Zitronen-Käse-
    kuchen 167
  Verschneite Hügel (Ingwer-
    Zitronen-Schnitten) 72
  Zitronenkuchen 31
Zucchinitorte 32
Zuckerjuwelen 140

Danksagung

Es war eine tolle Erfahrung, bei der gemeinsamen Arbeit an diesem Buch so viel Großzügigkeit und Miteinander zu erleben. Ich danke euch allen von ganzem Herzen.

Matt und Winnie sorgten dafür, dass ich während der anstrengenden »Buchmonate« mein Zuhause so richtig genießen konnte.

Charlotte Drake-Smith – deine Begabung, deine Loyalität und deine Freundschaft sind die Grundfesten, auf denen dieses Projekt aufgebaut ist – genau wie Honeybuns selbst.

Audrey, vielen Dank, dass du dich um den kleinen Rabauken gekümmert hast.

Die fantastischen Fotos stammen von den beiden Zauberern Cristian und Roy (www.crisbarnett.com).

Danke an das gesamte Honeybuns-Team (inklusive einiger Ehrenmitglieder), das uns stets zur Seite stand, vom Testbacken bis zum Gutzureden: Charlotte, Matt, George, Jan, Lottie, Sheila, Ali, Sally, Sharon, Vicky, Elaine, Nicky, Dan, Georgia, Aaron, Victoria, Colin. Os, Lorraine, Myra, Graham, Barry, Jenny, Jasmine, Nina, Veebee, Laura, Tess, Gay, Trish, Marguerita und Honey.

Bei der Gestaltung wurden wir von den Grafikgenies Sara und Moira von Stable Designs (www.stabledesigns.co.uk) unterstützt sowie von unserem Teammitglied Graham Goodger, insbesondere bei der **Honeybuns**-Schrift.

Danke an unsere Kreativ-Gurus und Freunde Beverley und Lance von der Muddy Dog Company für den großzügigen Requisiten-Verleih (www.muddydogs.com).

Danke an Dr. Andrew Pannifer für seine Expertise zu den Apfelsorten im West Country.

Danke an Sallys unermüdliche Testbäcker-Crew: Nick und die wunderbare Sally (die Frau hat echt Geschmack!), John, Jackie, Maggie und Nick, Yvonne, Louise, Carole, Lucy, Katie und Dick.

Danke an das gesamte Team vom Anova-Verlag, insbesondere an Becca Spry, die darauf achtete, dass wir nicht über die Stränge schlugen, an Korn für die tolle Unterstützung und an Polly dafür, dass sie uns überhaupt erst entdeckt hat.

Tausend Dank an all die kleinen Helfer, die mit uns für die Fotos gefeiert haben: Alex, Flissy, Henry, Niamh, Bella, Gabriel, Ella und Winston.

Danke an Sally Drake, Kelly und Daisy für die Requisiten, an Edward Oliver für das Verleihen deines Retro-Kühlschrank (www.edward-oliver. co.uk) und an Susan Young (www.alwestonjamandchutney.co.uk), Großbritanniens »Jampion« 2011. Vielen Dank auch an Oxford's Bakery für das tolle Catering (www.oxfordsbakery.co.uk) und an das Holwell Village Hall Committee, das uns gestattete, den Namen des ehrwürdigen Rathauses zu verwenden.

Danke an sämtliche Nachbarn und Freunde in Holwell für die Unterstützung, allen voran an die Moormead-Truppe, Aud, Jo und Jack, Maurice und Caroline, Neil und Alison und Familie Jones.